웹툰 스토리 만들기 대작전

세계관, 주제, 장르, 연출·구성, 스토리 쉽게 만드는 법

이지 지음 | 정원 그림

바이킹

 이 책을 읽는 여러분께

미래의 멋진 웹툰 작가 여러분께

 안녕하세요! 캐릭터 그리기에 이어 스토리 만들기도 소개할 수 있어 기쁩니다. 캐릭터를 그리는 것만큼 스토리를 만드는 데도 많은 관심을 가져 주면 좋겠어요.

 몇 년간 웹툰 강의를 하면서 학생들 대부분이 그림 강의보다 스토리 강의에 흥미를 느끼지 못하는 모습을 많이 봤어요. 그림 그리는 것은 좋아하지만 주제를 정하고 세계관을 만드는 등 스토리를 짜는 동안 지루해하고 어려워했습니다. "선생님, 오늘도 그림 그리면 안 돼요?"라며 자주 묻기도 했어요.

 학생들이 좋아하는 것만 가르치고 싶지만, 안타깝게도 이런 말을 할 수밖에 없어요. "웹툰은 이야기를 그림으로 표현하는 것이기에, 그림 실력보다 중요한 것은 여러분이 전하고 싶은 이야기예요."

 네이버 웹툰 <마음의 소리>가 많은 독자에게 오랫동안 사랑을 받는 건, 이야기가 재미있고 이야기와 캐릭터가 잘 어울리기 때문입니다. 물론 잘 그린 그림은 큰 강점이지만, 그것이 전부는 아니에요. 그림은 여러분이 이야기를 전달하는 데 효과적인 역할을 하는 것이지요.

 너무 어렵게 생각할 필요는 없답니다. 여러분이 하고 싶은 이야기만 있다면 차근차근 즐겁게 만들어 나가면 됩니다. 가장 중요한 것은 하고자 하는 '이야기'와 만들고자 하는 '열정'이니까요.

 원이와 레이지빗의 여정을 함께 하는 동안 웹툰 실력도 쑥쑥 키우고, '웹툰 작가가 되려면 가장 중요한 것은 무엇일까?'라는 질문에 자신만의 답을 찾길 바랍니다. 여러분의 꿈을 응원하는 레이지빗은 언제나 여러분의 곁에 있다는 것을 잊지 마세요.

꿈꾸는 여러분을 응원하는
글 작가 이지

여러분이 하고 싶은 이야기는 무엇인가요?

저도 여러분과 같이 그림을 좋아해서 혼자 연습장을 채우던 때가 있었는데 이렇게 여러분에게 그림 그리는 법을 알려 줄 수 있어서 영광이에요.

어렸을 때는 그림 그리는 게 더 좋고 이야기를 만드는 건 그다음으로 미루곤 했어요. 하지만 시간이 지나 그림을 그리면서 어떤 이야기를 담고 싶고 어떤 메시지를 전달하고 싶은지를 생각하게 되었습니다. 그렇게 이야기를 만들어 나가는 것은 정말 더 중요하다는 사실을 알았지요.

레이지빗이 알려 주는 것을 마음껏 그리고 상상하고 적고 낙서해 보기 바라요. 이야기를 만들고 그림을 그리는 데 가장 중요한 것은 '사람들이 내 이야기를 비웃진 않을까' '내 그림이 무시당하지 않을까.' 하며 걱정하는 마음을 버리는 것이라 생각해요. 이런 생각은 나만의 세상을 만들어 가는 데 가장 큰 적이니까요. 'L'처럼 여러분에게 무서운 쪽지를 계속 줄지도 몰라요. 여러분도 원이와 레이지빗처럼 하고 싶은 이야기와 그리고 싶은 그림을 마음껏 그려 나갔으면 좋겠어요.

앞으로 새로운 세계를 만들 여러분을 늘 응원할 거예요. 보이지 않는 곳에서 계속 즐거운 상상을 하며 여러분을 응원하는 이야기를 만들겠습니다. 여러분도 매일매일 글도 쓰고 그림도 그리며 웹툰 작가의 꿈을 키워가기를 바라요. 하고 싶은 이야기와 보여 주고 싶은 세계를 나의 그림으로 만난다는 것은 환상적인 일이니까요. 여러분이 만들어 나가는 멋진 세계를 설레는 마음으로 기다릴게요.

여러분과 함께 여행을 떠날
그림 작가 정원

웹툰 스토리 제대로 만드는 법!

 만화로 스토리 만드는 법을 배워요!   **QR코드를 찍으면 동영상 강의를 볼 수 있어요!**

 노란 박스 글을 잘 읽어요!

원이의 노트를 잘 활용해요!

'스토리 만들기 연습장'으로 나만의 스토리를 만들어요!

차례

이 책을 읽는 여러분께 •2
웹툰 스토리 제대로 만드는 법! •4
등장인물 소개 •8

원이의 집으로 돌아왔다! 13
장르와 그림체 알아보기

> 원이의 노트
> 이야기에 어울리는 그림체를 찾아요! •19
> 아이디어와 소재를 따올려요! •20

원이가 꿈꾸는 미래 모습은? 22
매력적인 주인공 만들기

원이가 원하는 것은 무엇일까? 28
다양한 캐릭터 만들기

> 원이의 노트 다양한 성격 유형을 알아봐요! •34

원이의 친구들을 조사한다고?! 36
캐릭터 시트 만들기

> 원이의 노트 캐릭터 설정표를 만들어요! •43

색깔이 없으면 분위기도 없다고? 45
어울리는 색 정하기

핼러윈 데이에 벌어진 일! 50
세계관 만들기

'L'의 방해가 또 시작되었다고?! 56
스토리의 기승전결 구조

> 원이의 노트 시놉시스 작성하는 법을 알아봐요! •61

'L'에게 잡힌 레이지빗! 62
만화와 웹툰의 연출법 알아보기

> 원이의 노트
> 카메라 각도에 따른 연출을 알아봐요! •67
> 카메라 거리에 따른 연출을 알아봐요! •68
> 수평과 수직을 이용한 연출을 알아봐요! •69
> 시간의 흐름에 따른 연출을 알아봐요! •70
> 그 밖에 다양한 연출을 알아봐요! •71

어젯밤 꿈으로 이야기를 만든다고? 72
콘티 만들기

원이의 노트
칸 나누는 법을 알아봐요! •78
말풍선으로도 연출해요! •79

이제 진짜 웹툰을 완성할 수 있다고? 80
디지털 드로잉 이해하기

원이의 노트
다양한 드로잉 프로그램을 알아봐요! •87

웹툰 완성이 머지 않았다! 88
웹툰 제작 과정을 알아봐요

원이의 노트 웹툰 제작 과정을 알아봐요! •94

웹툰을 더 재밌게 만드는 비밀이 있다고?! 96
채색과 배경에 디테일 더하기

원이의 노트
원근법을 알아봐요! •102
'스케치업'으로 배경을 만들어요! •104

레이지빗이 사라졌다?! 105
연재하는 방법 알아보기

원이의 노트
웹툰 작가는 어떻게 수익을 얻을까요? •111
웹툰이 이렇게도 변해요! •112

'L'의 작업실에서 레이지빗을 찾다! 113
웹툰 작가의 일상

원이의 노트 다양한 웹툰 관련 직업이 있어요! •118

드디어 'L'의 정체가 드러났다! 120
웹툰 작가의 마음

원이의 노트
만화와 웹툰을 가르치는 학교 •127
만화 행사와 교육에 참가해요! •128

부록
스토리 만들기 연습장 •130
에필로그 •152
QR 코드를 찍어 보자! •154

등장인물 소개

"안녕?"

원이

특징 ▶ 소심하고 정도 많고, 겁이 많음.

웹툰 작가를 꿈꾸며 그림에 대한 열정이 가득하다. 레이지빗의 저주를 풀기 위해 열심히 그림 공부를 한다. 웹툰 완성을 위해 노력하고 있다!

"저주를 풀어 줘~!"

원이의 웹툰 선생님?!

레이지빗

특징 ▶ 저주에 걸려 인형으로 변한 웹툰 작가. 원이와 함께 웹툰을 완성해 저주를 풀고 싶어 한다. 장난기가 많아 원이를 놀리기 좋아한다.

"내가 누구게?"

원이와 레이지빗의 적!

L

특징 ▶ 웹툰 작가 '레이지빗'에게 저주를 건 존재. 저주를 건 이유도, 정체도 모른다. 원이가 웹툰을 완성하지 못하도록 열심히 방해한다.

"원이 화이팅!"

은정

특징 ▶ 원이의 꿈을 응원하는 든든한 지원군. 원이의 아빠랑 원이와 셋에서 오래오래 행복하게 사는 게 꿈이다.

원이의 엄마

"안녕, 만나서 반가워!"

호석

특징 ▶ 원이의 친한 친구. 원이와 같은 반이며 반장을 맡고 있다. 씩씩하고 친절한 성격으로 친구들에게 인기가 많다.

원이의 친구

"난 무서운 게 없다고!"

윤하

특징 ▶ 원이의 단짝 친구. 원이와 같은 반이며 함께 교환 일기도 쓴다. 당차고 용감한 성격으로 원이의 곁을 지키는 친구다.

원이의 단짝 친구

원이의 집으로 돌아왔다!
- 장르와 그림체 알아보기 -

이야기에 어울리는 그림체를 찾아요!

장르마다 어울리는 등신 알아보기

← 스토리 ——————————————— 에피소드 →

스토리와 에피소드의 차이를 알아봐요!

스토리는 일정한 흐름을 가진 이야기가 이어지며 전개되는 형식을 말합니다. 반면에 에피소드는 화별로 다른 이야기를 짤막하게 엮어 내는 형식을 말합니다. 4컷 만화나 일상툰, 생활툰 같은 경우가 에피소드 형식이라 생각하면 쉽습니다. 에피소드 형식은 등신이 짧은 캐릭터가 적합하며, 스토리 형식은 등신이 긴 캐릭터를 주로 사용합니다.

원이의 노트

아이디어와 소재를 떠올려요!

아이디어와 소재 찾는 법

1. 내가 좋아하고, 관심 있는 것에서 아이디어를 찾아요.

평소에 좋아하고 관심을 가지던 분야나 사람, 사물, 상황 등에서 아이디어를 찾아요. 이미 잘 알고 있는 주제이기 때문에 쉽게 스토리를 구상할 수 있고, 좋아하는 분야라 즐겁게 작업할 수 있어요!

① 요리하는 것을 좋아한다면 요리 요정이 나타나거나 요리 대결을 하는 이야기를 만들 수 있어요.
② 좋아하는 아이돌이 있다면 그 아이돌의 일상을 상상하며 이야기를 만들 수 있어요.

2. 내가 직접 겪은 경험과 이야기에 살을 붙여 아이디어를 떠올려요.

직접 경험했던 일이나 인상 깊은 사건도 아이디어가 될 수 있어요. 일상만화를 그릴 수도 있고, 일부분만 사용해 새로운 이야기를 꾸며 낼 수도 있어요. 직접 경험한 일을 토대로 하기 때문에 그때의 감정과 상황을 생생하게 풀어내기 좋아요.

① 형제나 자매, 남매와 같이 지내면서 겪은 경험이 있나요?
② 인상 깊은 여행의 경험이 있나요?
③ 강아지를 키우면서 있었던 일화와 감정을 기록해요.

3. 신문이나 잡지, 책, TV, 유튜브 등 매체에서 아이디어를 찾아요.

다른 사람에게 들은 이야기나 경험을 통한 간접 경험도 아이디어가 될 수 있어요. 일상에서 다양한 매체를 경험하고, 자료를 수집하는 것도 아이디어를 얻는 데 도움이 돼요.

① TV 혹은 책을 통해 얻는 지식과 경험으로 이야기를 만들어요.
② 신문에 나오는 인물 혹은 사건을 보고 떠오르는 상상으로 이야기를 만들어요.

4. 역사책이나 옛 기록에서 아이디어를 발견해요.

옛날을 배경으로 하면 익숙함과 신비감을 느낄 수 있어요. 따라서 판타지의 배경이나 인물을 구성하기도 적합해요. 특정 시대를 배경으로 할 수도 있고, 일부분만 이용해서 새롭게 꾸며낼 수도 있어요.

① 신라의 왕 박혁거세는 알에서 태어났어요.
② 중세 시대에는 성과 신전이 있고, 신분제가 있어 왕, 기사, 신관, 노예 등이 있어요.

5. 다른 이야기(영화, 동화, 드라마, 만화, 애니메이션 등)를 새롭게 각색해요.

기존에 있던 이야기에서 주인공의 성격이나 배경, 시대, 상황 등을 조금만 바꾸어도 새롭고 재미있는 이야기가 탄생할 수 있어요. 기존 이야기를 토대로 변경하기 때문에 스토리의 구성을 공부하기에도 좋아요.

① 신데렐라가 현대에 태어나 부당한 일에 적극적으로 대응했다면 어떻게 될까요?
② 토끼와 거북이가 사람이라면 어떤 시합을 할까요?

6. 내가 상상하던 이야기로 만들어요.

평소에 꿈꾸거나 상상하던 이야기가 있다면 꼭 메모해요. 재미있는 이야기를 만드는 아이디어가 될 수 있어요.

① 학교에 가기 귀찮은데 텔레포트를 사용할 수 있다면?
② 자고 일어났더니 내가 좋아하던 웹툰 속에 주인공이 되었다면?

원이가 꿈꾸는 미래 모습은?
- 매력적인 주인공 만들기 -

천재 웹툰 작가 'J'

나이: 20대 후반
직업: 웹툰 작가
스토리뿐 아니라 그림체까지
완벽한 웹툰을 만든다.

성격: 착하면서도
똑 부러져서 인기가 많다.
성격도 외모도 모두 최고다.

만드는 웹툰마다 1위!
웹툰의 드라마화나 영화화 1순위!
예능 프로그램 섭외 1순위!

요즘 웹툰에 관심이 많아서
자연스럽게 주인공을
웹툰 작가 'J'로 설정했어. 어때?

매력적인 주인공 설정하기

천재 웹툰 작가 'J'

1. 과거가 있다.
천재 웹툰 작가라 불리기 전에 오랜 무명 시절이 있었다.

2. 콤플렉스가 있다.
천재처럼 보이고 싶어 숨어서 갈고닦는 엄청난 노력파이다.

3. 반전이 있다.
밖에서는 멋진 옷을 입지만, 집에서는 추리닝만 입고 있다.

4. 취향이 뚜렷하다.
마감할 때 토끼 인형을 끼고 있으면 안정감을 느낀다.

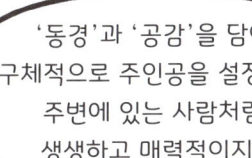 '동경'과 '공감'을 담아 구체적으로 주인공을 설정하니 주변에 있는 사람처럼 생생하고 매력적이지?

 완벽하면 좋은 줄 알았는데, 공감하는 부분도 중요하구나!

 매력적인 주인공과 이야기를 만드는 중요한 요소가 또 있어.
또?

 바로 주인공에게 욕망이 있다는 거야!
욕망?

원이가 원하는 것은 무엇일까?
- 다양한 캐릭터 만들기 -

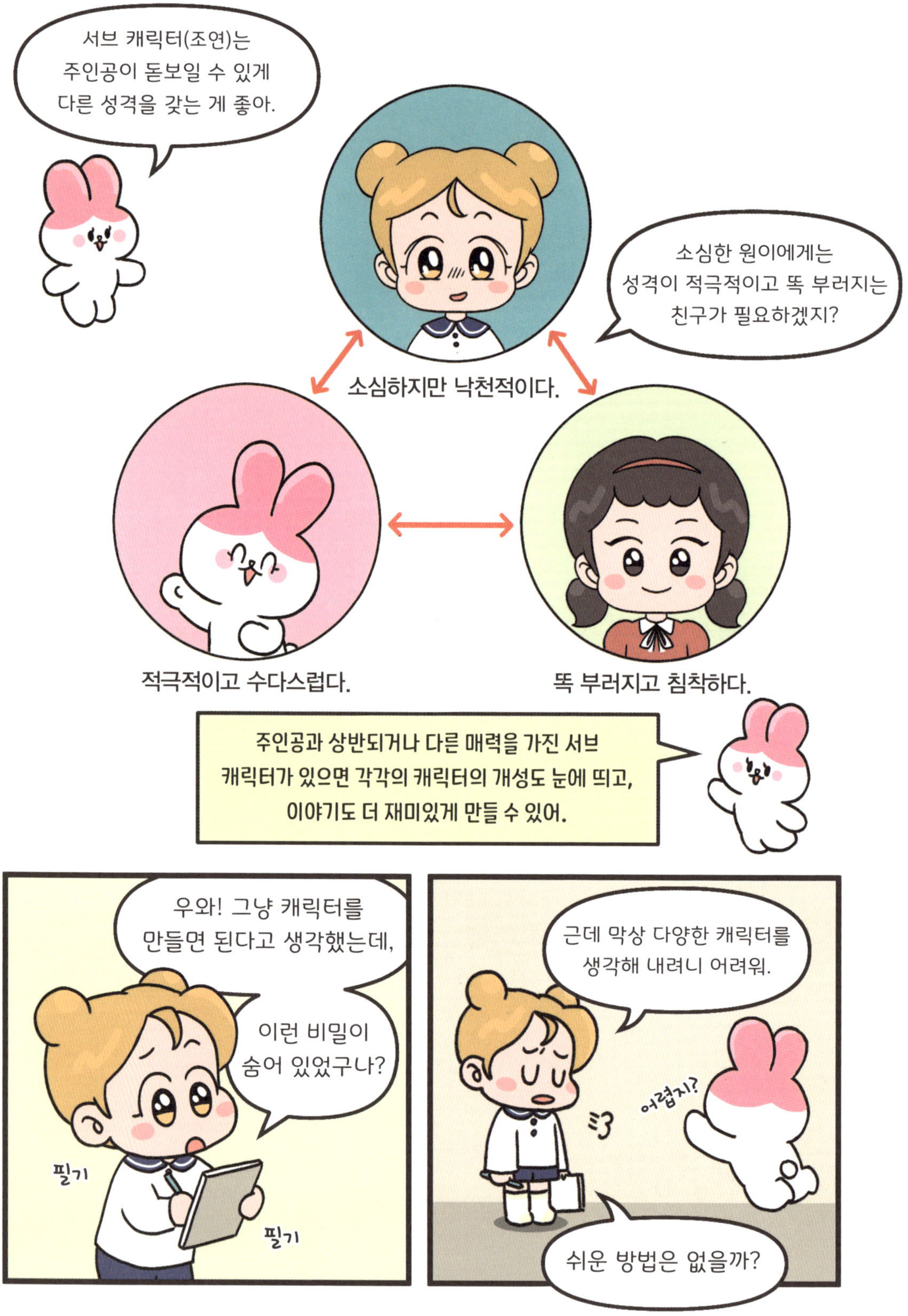

서브 캐릭터(조연)는 주인공이 돋보일 수 있게 다른 성격을 갖는 게 좋아.

소심한 원이에게는 성격이 적극적이고 똑 부러지는 친구가 필요하겠지?

소심하지만 낙천적이다.

적극적이고 수다스럽다.

똑 부러지고 침착하다.

주인공과 상반되거나 다른 매력을 가진 서브 캐릭터가 있으면 각각의 캐릭터의 개성도 눈에 띄고, 이야기도 더 재미있게 만들 수 있어.

우와! 그냥 캐릭터를 만들면 된다고 생각했는데, 이런 비밀이 숨어 있었구나?

필기

근데 막상 다양한 캐릭터를 생각해 내려니 어려워.

어렵지?

쉬운 방법은 없을까?

원이의 노트

다양한 성격 유형을 알아봐요!

성격을 만들 수 있는 요소를 살펴봐요!

캐릭터가 많아 성격을 설정하는 데 어려움을 겪을 때, 성격 유형을 이용해요! 실제 주위에 있는 듯한 성격을 겹치지 않게 만들 수 있어요.

4가지 혈액형 이용하기

혈액형에 따라 사람의 성격이 다르다는 이야기를 들어 봤나요? 과학적인 근거는 없으므로, 캐릭터 성격을 설정하는 데 참고만 해요!

열정적이고 몸이 먼저 움직인다. 신중하고 배려심이 깊다. 사교적이고 자기중심적이다. 주관이 뚜렷하고 계산적이다.

5가지 음양오행 이용하기

동양에서 주로 사용했던 사상으로, 우주 만물을 5가지 기운으로 설명합니다. 과학적인 근거는 없으므로, 캐릭터 성격을 설정하는 데 참고만 해요!

9가지 애니어그램 이용하기

사람을 아홉 가지 성격으로 분류해요. 애니는 그리스어로 숫자 9를 뜻합니다.

외유내강 중재자
솔직과 과감 도전가
노력발전 개혁가
다재다능 열정가
다정다감 협력자
성실과 신중 충성가
능력 지향 성취자
박학다식 탐구자
개성과 낭만 예술가

16가지 MBTI 이용하기

MBTI는 심리학을 근거로 개발한 성격 유형 검사로, 16가지의 유형으로 나뉘어요. 대중적으로 알려져 인기가 많아요.

ISTJ 청렴 결백 논리주의자	ISFJ 용감한 수호자	INFJ 선의의 옹호자	INTJ 용의주도한 전략가
ISTP 만능 재주꾼	ISFP 호기심 많은 예술가	INFP 열정적인 중재자	INTP 논리적인 사색가
ESTP 모험을 즐기는 사업가	ESFP 자유로운 영혼의 연예인	ENFP 재기발랄한 활동가	ENTP 논쟁을 즐기는 변론가
ESTJ 엄격한 관리자	ESFJ 사교적인 외교관	ENFJ 정의로운 사회운동가	ENTJ 대담한 통솔자

원이의 친구들을 조사한다고?!
- 캐릭터 시트 만들기 -

캐릭터 설정표를 만들어요!

캐릭터의 성격, 취향, 성장 과정 등 세부적인 사항을 표로 정리하면, 캐릭터의 설정을 한눈에 파악하기 좋아요. 캐릭터는 스토리에 직접적으로 드러나지 않는 부분까지 자세한 설정이 필요해요.

캐릭터의 설정이 확실하면 스토리를 만들 때, 이 캐릭터가 어떻게 행동할지 예상할 수 있고, 일관성 있는 내면을 보여서 캐릭터와 스토리가 더욱 탄탄해질 거예요.

프로필	이름	레이지빗
	나이	?
	생일	2월 24일
	외모	분홍색 머리와 귀를 가진 토끼. 속눈썹이 길고, 포동포동하다. 43cm, 10kg
	직업	웹툰 작가
	혈액형	A형
	MBTI	ENFP
성격	특징(장/단점)	활발하고 수다스럽다. 적극적이고 승부욕이 강해 무엇이든 열심히 하지만 게으른 면이 있다. 친절하면서도 포악한 면이 있다.
	버릇(습관/말투)	스트레스 받을 때는 달달한 것을 먹는다.
	콤플렉스	차기작을 내지 못하는 것, 저주로 인형이 된 것
생활	취미/특기	지키지 못할 계획 세우기, 갖은 취미 수집하기
	좋아하는 것	딸기 생크림 케이크, 겨울에 마시는 따뜻한 카페라테, 비오는 날 음악 듣기
	싫어하는 것	가만히 있는 것, 참견하지 않는 것, 반복되는 작업 하는 것
	기분이 좋을 때	마감을 제때 끝냈을 때, 아이디어가 한번에 떠오를 때.
	기분이 나쁠 때	마감을 제때 끝내지 못했을 때, 오늘 할 일을 내일로 미룰 때
	장래 희망	유명 웹툰 작가
	좌우명	하늘은 스스로 돕는 자를 돕는다.
	이상형	차분하고 신중한 사람

원이의 노트

프로필	이름	원이
	나이	10세
	생일	2월 19일
	외모	큰 눈망울에 둥글둥글한 얼굴, 양갈래로 올린 머리, 키 140cm, 보통 체형
	직업	초등학생
	혈액형	O형
	MBTI	INFP
성격	특징(장/단점)	감수성이 풍부하여 상상하는 것을 좋아한다. 주변을 잘 챙기고, 부탁을 잘 거절하지 못한다. 결정과 행동이 느리지만, 내면에는 열정이 많다.
	버릇(습관,말투)	무언가 결심하면 머리띠를 맨다. 민망할 때는 말끝을 흐린다.
	콤플렉스	스스로 소심하다고 생각하는 것, 글씨가 삐뚤빼뚤한 것
생활	취미/특기	그림 그리기, 웹툰 보기, 웹툰 그리기, 달리기
	좋아하는 것	무서운 이야기, 혼자 상상하기, 친구랑 수다 떨기, 귀여운 소품, 토끼 인형
	싫어하는 것	화내는 것, 싸우는 것, 체육 시간
	기분이 좋을 때	윤하랑 떡볶이 먹을 때, 하교길에 귀여운 고양이를 마주칠 때, 내 작품이 복도에 전시되었을 때
	기분이 나쁠 때	체육시간에 주목받을 때, 장기 자랑 시킬 때, 미술 수행 평가가 좋지 않을 때
	장래 희망	웹툰 작가
	좌우명	꿈은 이루어진다!
	이상형	긍정적이고 잘 웃고 주변을 잘 끌어 주는 사람
배경	가족 관계	엄마(프리랜서 디자이너), 아빠(프로그래머)
	성장 과정	평범한 가정의 외동딸. 7살에 '신비한 집'이라는 애니메이션을 처음 보고 반했다. 심심할 때마다 만화나 웹툰을 보고 따라 그리며 웹툰 작가의 꿈을 키웠다. 엄마와 아빠의 적극적인 응원으로 다양한 체험을 할 수 있었다. 여동생이 있으면 좋겠다고 생각한다.

캐릭터의 성격과 경험이 구체적으로 떠오르지 않는다면, 가족과 친구를 떠올려 보거나 직접 인터뷰해요. 다양한 캐릭터를 이해하는 데 많은 도움이 됩니다.

색깔이 없으면 분위기도 없다고?

- 어울리는 색 정하기 -

핼러윈 데이에 벌어진 일!
- 세계관 만들기 -

'ㄴ'의 방해가 또 시작되었다고?!
- 스토리의 기승전결 구조 -

이야기의 구조

| 기 | **이야기의 시작**
주인공의 욕망과 배경 소개. | 원이와
레이지빗 등장! |

| 승 | **이야기의 과정**
욕망을 이루기 위한 행동 전개와 갈등. | 'ㄴ'의 방해를 피해
원이가 웹툰을 공부! |

| 전 | **이야기의 중심 사건**
갈등과 긴장이 최고조에 달하는 위기 발생. | 'ㄴ'의 단서를 찾을
사건이 발생! |

| 결 | **이야기의 해결**
갈등의 해결이 실패로 마무리. | 저주를 풀거나
풀지 못하거나! |

57

이야기의 구조

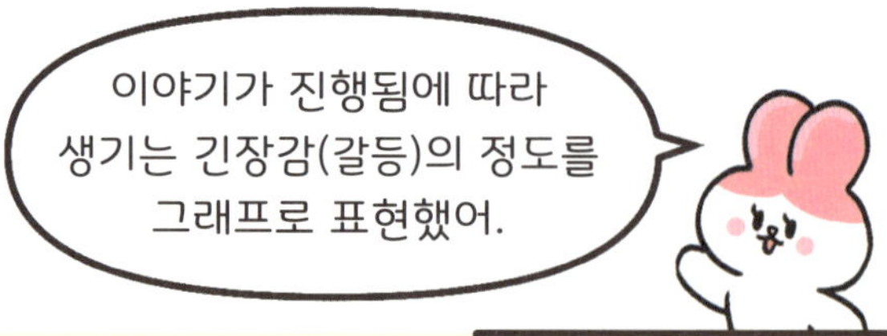

이야기가 진행됨에 따라 생기는 긴장감(갈등)의 정도를 그래프로 표현했어.

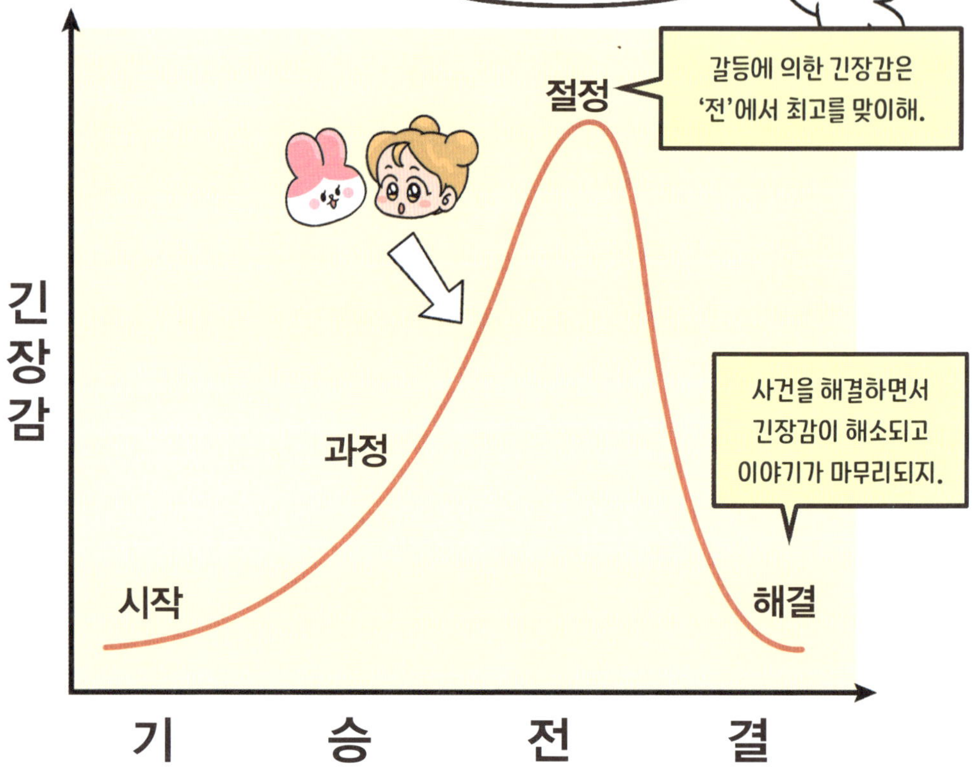

갈등에 의한 긴장감은 '전'에서 최고를 맞이해.

사건을 해결하면서 긴장감이 해소되고 이야기가 마무리되지.

긴장감 / 시작 / 과정 / 절정 / 해결

기 승 전 결

우리가 지금 저기에 있다는 거지?
곧 큰 사건이 터지는 거야? 무서워….
괜찮아!

저주를 풀기 위해선 반드시 필요한 단계야!
우리 이야기로 생각하니 이해가 잘되는 것 같아!

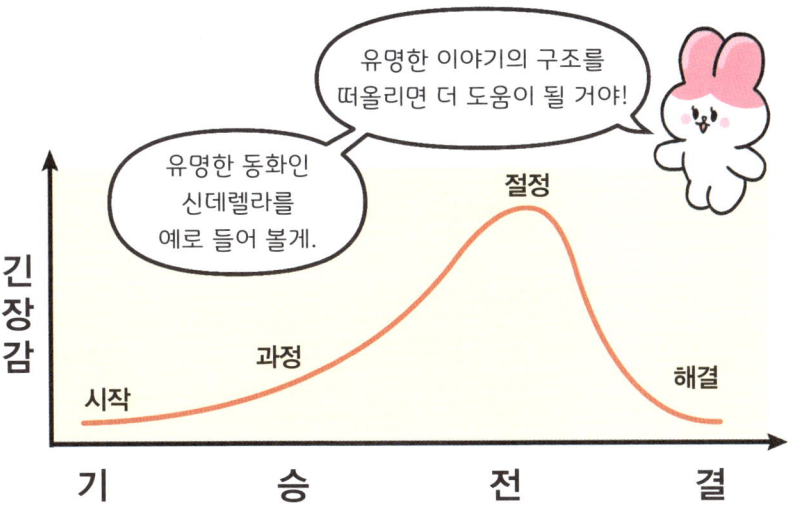

기	신데렐라는 못된 계모와 두 언니에게 괴롭힘을 받으며 힘든 나날을 보낸다. 왕자의 무도회에 가고 싶지만, 가진 게 없다.
승	신데렐라는 요정이 밤 12시까지 쓸 수 있도록 마법을 건 마차와 드레스, 유리 구두 덕분에 무도회에 참석할 수 있게 된다.
전	왕자와 첫눈에 반하지만, 마법이 풀리기 전에 이름도 말하지 못한 채 도망치듯 나오다가 유리 구두를 잃어버린다.
결	왕자가 유리 구두의 주인을 찾기 시작한다. 신데렐라는 왕자와 다시 만나 행복한 결말로 끝난다.

시놉시스 작성하는 법을 알아봐요!

스토리를 간략하게 정리해요

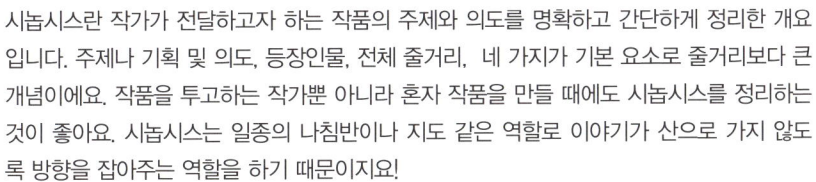

시놉시스란 작가가 전달하고자 하는 작품의 주제와 의도를 명확하고 간단하게 정리한 개요입니다. 주제나 기획 및 의도, 등장인물, 전체 줄거리, 네 가지가 기본 요소로 줄거리보다 큰 개념이에요. 작품을 투고하는 작가뿐 아니라 혼자 작품을 만들 때에도 시놉시스를 정리하는 것이 좋아요. 시놉시스는 일종의 나침반이나 지도 같은 역할로 이야기가 산으로 가지 않도록 방향을 잡아주는 역할을 하기 때문이지요!

제목	토끼와 거북이
장르	이솝 우화
★주제 및 의도	자만하지 않고, 겸손하게 노력하는 자가 승리한다.
★등장인물	토끼, 거북이
세계관(배경)	옛날 옛적, 깊은 숲속의 토끼와 거북이 마을
★줄거리(10줄 내외로 간단하게!)	토끼와 거북이가 경주를 하기로 한다. 초반부터 앞서 나간 토끼는 안심을 하고 중간에 낮잠을 잔다. 거북이는 쉬지 않고 꾸준히 달려 결국 시합에서 우승한다.
기	옛날 옛적에, 토끼가 거북이를 느림보라고 놀려 대자 거북이는 자극을 받고 토끼에게 달리기 경주를 제안한다.
승	경주가 시작되자 토끼는 거북이보다 한참 빨리 달린다.
전	토끼는 거북이가 한참 뒤처진 것을 보고, 자만하며 중간에 낮잠을 잔다.
결	거북이는 쉬지 않고 꾸준히 달려, 낮잠 자는 토끼를 앞질러서 결승점에 도착한다.

세계관(배경)을 좀 더 알아봐요!

앞서 말했듯이 세계관은 스토리가 펼쳐지는 무대를 말해요. 세계관의 설정은 이야기가 펼쳐지는 환경, 시간과 공간을 만들고, 어울리는 인물과 사건들을 탄생시켜요. 스토리 진행에 중요한 역할을 하니 다음을 고려하여 세부적으로 설정하는 것이 좋아요.

- 공간적 배경 : 지형, 위치, 기후, 국가와 국경, 이(異) 세계나 다른 차원의 구성
- 시간적 배경 : 시대적 특징, 역사, 계급, 인종, 언어, 문화, 종교, 경제, 예술, 유행 등
- 특징적 배경 : 종족, 마법, 건국 신화 등 그 세계관만의 독특한 특징

'L'에게 잡힌 레이지빗!

- 만화와 웹툰의 연출법 알아보기 -

카메라 각도에 따른 연출을 알아봐요!

각도에 따라 캐릭터의 감정이 보여요!

카메라가 위에 위치하여 내려다보는 각도로 열등감, 좌절감, 참담한 장면 묘사를 할 때 사용해요!

카메라가 아래 위치하여 올려다보는 각도로 주인공이나 악당이 등장할 때 무게감, 장대함을 나타내는 장면에 사용해요!

사람 눈높이에 맞는 일반적인 수평 각도를 말해요!

카메라가 아주 높이 위치하여 새가 바라본 것과 같다고 해서 버드 아이(조감도)라고 말해요. 위에서 멀리 보여 주기 때문에 주변 상황에 대한 정보를 담기에 좋은 연출이에요!

 카메라 각도(앵글)

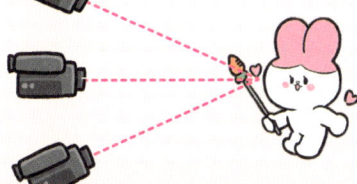

> 원이의 노트

카메라 거리에 따른 연출을 알아봐요!

거리에 따라 상황의 분위기가 보여요!

롱 숏

카메라가 멀리 떨어져 있어 상황이 일어나는 배경이나 주인공이 처한 상황을 한눈에 보여 줘요!

풀 숏

머리부터 발끝까지 사람을 화면 가득히 채워 보여 줘요. 주인공이 무엇을 하고 있는지 행동을 전체적으로 보여 줘요.

익스트림 클로즈업 숏

카메라가 아주 가까이 있어 감정의 변화를 포착하거나 감정을 극대화할 수 있어요.

미디엄 숏

풀 숏보다 확대되어 무릎과 허리부터 보여지는 샷으로 주인공의 몸짓, 표정, 대사 움직임 포착에 적합해요!

클로즈업 숏

카메라가 가까이 있어 화면이 가득히 확대돼요. 인물의 표정을 강조하거나 주의를 집중시키기 좋아요.

카메라 거리

클로즈업 숏 　 미디엄 숏 　 롱 숏

수평과 수직을 이용한 연출을 알아봐요!

수평이나 수직에 따라 동작이 보여요!

수평 구도

어딘가를 향해 달려가거나 강물이 흐르는 모습, 도시의 전경 등 가로로 넓은 공간이 필요한 내용과 동작에 적합한 구도예요.

수직 구도

비나 번개처럼 아래로 떨어지거나 위로 올라가거나 높은 빌딩, 높은 나무 등 세로로 넓은 공간이 필요한 내용과 동작을 강조할 때 적합해요.

웹툰은 수직 구도가 어울려요!

웹툰의 스크롤 형식은 세로 길이의 제한이 없어, 수직 구도를 끝없이 자유롭게 사용할 수 있는 장점이 있어요. 반면에 칸의 가로 길이는 제한이 있어 수평 구도를 사용하기에 어려움이 있어요. 이때 화면을 90도로 돌려 수평 구도를 수직 구도처럼 이용하면 웹툰만의 특성을 살릴 수 있어요!

원이의 노트

시간의 흐름에 따른 연출을 알아봐요!

칸과 칸 사이에는 상상의 공간이 있어요!

아주 짧은 시간이 흘렀어요!

당근봉으로 해결할 수 있다는 걸 알 수 있어요!

레이지빗이 어떻게 돌아올 수 있었는지 상상해 봐요!

 **칸과 칸 사이는 상상력의 공간이에요!**

만화(웹툰)는 한 장면의 칸들이 연결되어 이야기가 이어져요.
이때 빈 공간이지만 중요한 역할을 하는 곳이 칸과 칸 사이의 여백입니다.
'홈통'이라고 하는 이 빈 공간은 여러분이 스스로 스토리를 상상하는 공간이에요.
한 칸 안의 장면은 한 순간이지만, 칸과 칸 사이의 간격은 아주 짧은 순간일 수도, 혹은 몇 시간이나 몇 년이 지난 시간이 될 수도 있어요!

그 밖에 다양한 연출을 알아봐요!

회상이나 장면 전환 등의 연출법

장소가 바뀔 때 독자들이 새로운 공간을 파악할 수 있도록 전반적인 정보가 담긴 전체 배경을 보여 줍니다. 장소가 바뀌지 않으면 굳이 전체 배경을 보여 줄 필요가 없어요!

과거의 일어난 사건을 보여 주기 위해 독특한 모양의 칸을 이용하거나 회색 등 배경을 다른 색으로 표현하기도 해요.

어떤 장면에서 중요한 부분을 자세히 보여 주고 싶을 때 사용해요. 배경에서 일부만 확대해서 보여 줄 때 사용하는 방식으로 다양한 모양으로 표현할 수 있어요.

연출이란 무엇일까요?

연출이란 만화(웹툰)가 담은 이야기를 어떻게 효과적으로 전달할 것인지 결정하는 것입니다. 만화는 칸이라는 기본 단위로 이루어져 있어 칸 안에 어떤 내용을 넣을지, 효과적으로 어떻게 배치할지를 종합적으로 고려해야 해요. 칸의 크기와 모양, 카메라의 각도와 구도, 인물과 배경, 말풍선과 효과음 등 만화를 볼 때 필요한 모든 시각적인 요소를 활용하여 연출해요.

어젯밤 꿈으로 이야기를 만든다고?
- 콘티 만들기 -

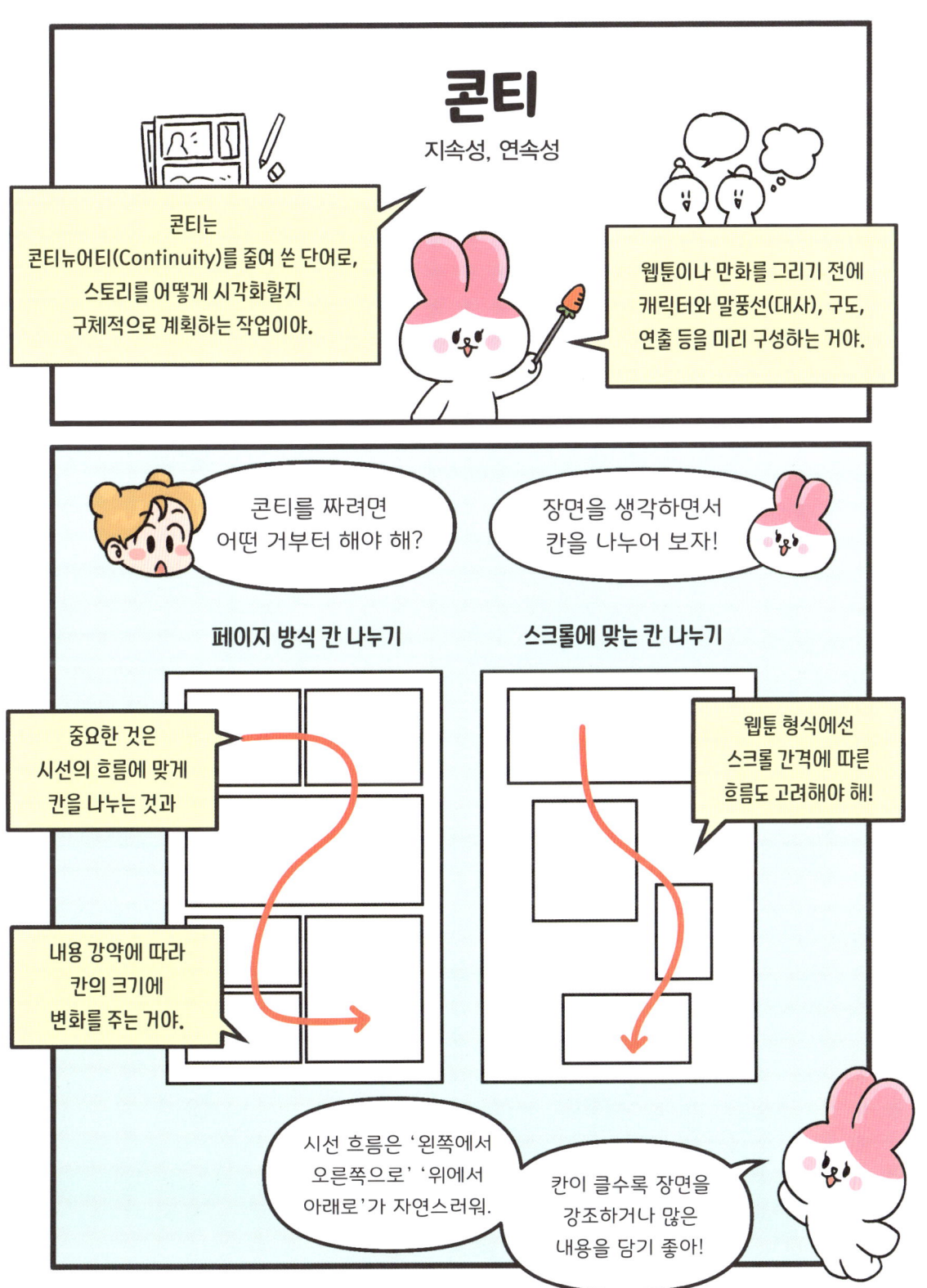

그림과 글을 나누어 그림 콘티를 짜기 전에 글 콘티를 먼저 작성하기도 하지.

| 글 콘티 예시 |

Page 3.
#09. [롱 숏] 태블릿과 펜 괴물이 달려오기 시작
#10. [전신 숏] 원이 : (앞모습으로 달려가기 시작) 으아악
#11. [미디엄 숏] 원이 : (옆모습으로 달리면서) 어떻게 해야 하지?
#12. [클로즈업 숏] 원이(옆모습으로 달리면서) 속마음 : 레이지빗 어떻게 해야 해!
#13. (책상 위에 레이지빗이 떨어뜨린 당근봉을 보며) 원이 : 앗 레이지빗의 당근봉!!
#14. [익스트림 클로즈업 숏] (원이 눈 확대-눈에 힘) 원이 : 그래, 저거야!

Page 4.
#15-16. [수평 구도] 괴물들이 원이를 좇아 달려감
#16. 원이가 당근봉을 떨어뜨리려고 책장을 흔든다.
#18. [확대] 당근봉이 미끌
#19-20. [수직 구도] 당근봉 위에서 떨어지며 원이랑 L이 동시에 낚아채려고 함
L : 내 거야!
원이 : 안 돼!

글 콘티는 미리 몇 칸을 그릴지 구성해서 짜기 때문에, 계획한 분량에 맞춰 조절하기 좋아. 흐름이 한눈에 보이는 것도 장점이야.

너에게 맞는 콘티 방식을 찾아볼래?

VS

그림 콘티를 그리면서 구성을 정하는 방식

글 콘티로 먼저 구성을 정하고 그리는 방식

그림 콘티 예시

짠! 꿈 이야기를 그림 콘티로 구성했어.

이야기를 더욱 재미있게 만들기 위해서는 장면 연출에 강약을 주는 것이 중요해. 칸의 크기나 카메라 각도와 거리, 구도 등을 활용해서 다양하게 연출해 보자!

이제 콘티도 완성했으니 펜으로 예쁘게 선을 그리겠어!

잠깐! 우리 이제 진~짜 웹툰을 그려 볼까?
디지털 기기로 말이야!
디지털 기기로?

원이의 노트

칸 나누는 법을 알아봐요!

만화와 웹툰의 칸 나누는 법

1. 시선의 흐름은 왼쪽에서 오른쪽으로, 위에서 아래로 이어지는 게 자연스러워요.
읽는 방향이 헷갈리지 않도록 컷을 나누어야 해요.

2. 컷과 컷 사이의 간격을 주의해요.
다음에 읽어야 할 칸의 간격을 좁게 해 시선을 유도할 수 있어요. 보통 컷의 좌우 간격은 좁게, 컷의 상하 간격은 넓게 잡아요.

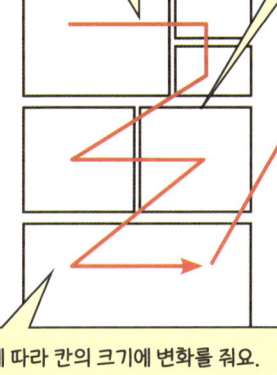

3. 중요도에 따라 칸의 크기에 변화를 줘요.
강조해서 보여 주고 싶거나 정보가 많이 있는 칸은 크게, 속도감 있게 전개하는 칸은 작게 하여 시선의 속도에 변화를 줄 수 있어요.

4. 유연성 있게 컷을 변형해요.
칸을 확장해서 채우거나 칸 위에 칸을 겹쳐 강조하거나, 대각선 칸을 이용해서 역동적으로 표현할 수 있어요.

 **웹툰의 스크롤 형식 칸 나누기**

웹툰은 종이로 된 만화와 다르게, 왼쪽에서 오른쪽보다는 위에서 아래로 읽히는 구성이 대부분이에요. 가로는 좁지만, 세로의 길이는 무한정으로 사용할 수 있기 때문이죠. 따라서 웹툰은 세로 컷의 형태도 자주 사용됩니다.

또한 웹툰은 칸의 세로 간격을 자유자재로 줄 수 있는데, 칸 사이 간격이 좁으면 짧은 시간이 흐른 것이고, 칸 사이 간격이 넓으면 많은 시간이 흘렀다는 것을 암시해요. 이처럼 칸과 칸 사이의 간격에 차이를 줘서 독자의 읽는 속도에 영향을 줄 수 있는 것이 웹툰만의 독특한 연출 방법이에요.

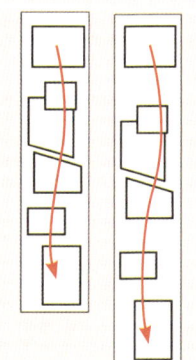

칸 사이가 좁으면 속도감이 느껴지고, 칸 사이가 넓으면 여운이 느껴져요.

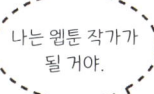

말풍선으로도 연출해요!

말풍선 모양에 따라 감정이 달라져요

말풍선은 대사를 외곽 선으로 묶어 놓은 형태를 말해요. 말풍선의 형태에 따라 대사가 주는 인상이 달라지기 때문에, 말풍선을 효과적으로 사용하면 대사가 실감나게 전달되는 연출을 할 수 있어요.

해설 말풍선
내레이션 박스로 제 3자의 입장 또는 상황을 설명할 때.

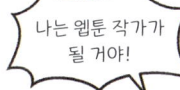

일반 말풍선
등장 인물들이 대화할 때 일반적으로 사용.

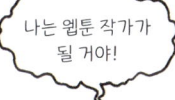

점선 말풍선
옆 사람에게만 들리도록 소근소근 작게 말할 때.

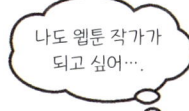

가시 말풍선
무언가 떠오르거나 감동 했을 때 등 격한 감정의 속마음을 표현.

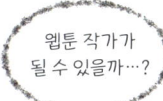

큰 소리 말풍선
격한 감정을 표현하거나 큰 소리로 외칠 때.

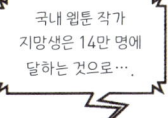

감정 말풍선
두려움이나 슬픔으로 말을 제대로 할 수 없을 때.

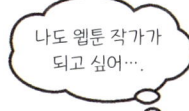

생각 말풍선
머릿속으로 상상할 때. 외부에 들리지 않음.

독백 말풍선
아련한 추억을 떠올리거나 독백할 때.

기계음 말풍선
TV, 라디오, 통화에서 들리는 외부 음성을 나타낼 때.

 **읽기 좋게 말풍선을 배치해요!**

말풍선을 읽을 때는 '왼쪽에서 오른쪽으로' '위에서 아래로' 향하는 시선의 흐름이 자연스러워요. 두 가지 흐름이 상충되지 않도록 배치해야 자연스럽게 잘 읽혀요. 또한 말풍선 안에 글씨가 너무 빽빽해 보이지 않도록 여백을 주는 것도 중요해요.

OK

NG 자주 실수하는 말풍선 배치

이제 진짜 웹툰을 완성할 수 있다고?
- 디지털 드로잉 이해하기 -

새 캔버스와 해상도

컬러 모드

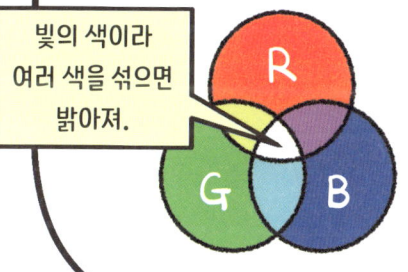

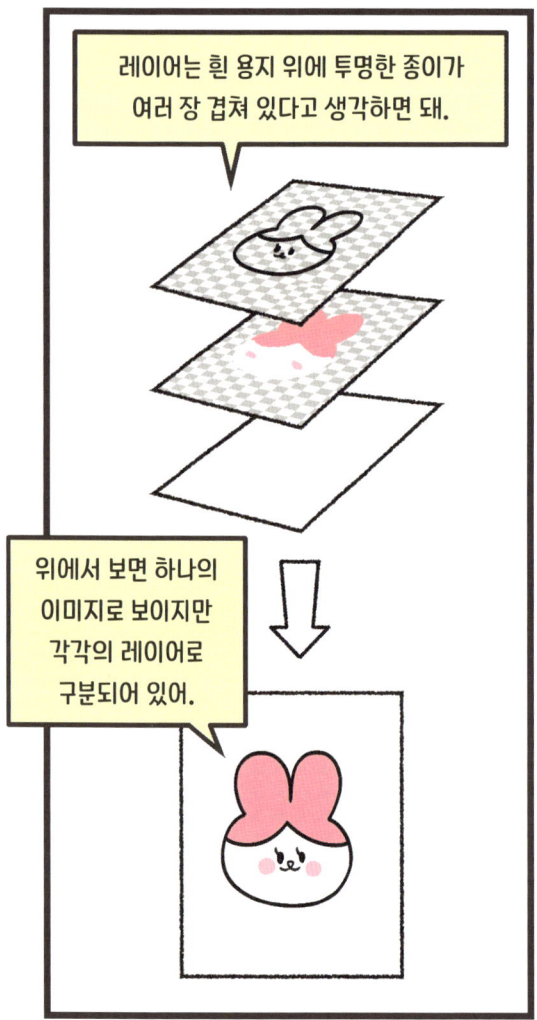
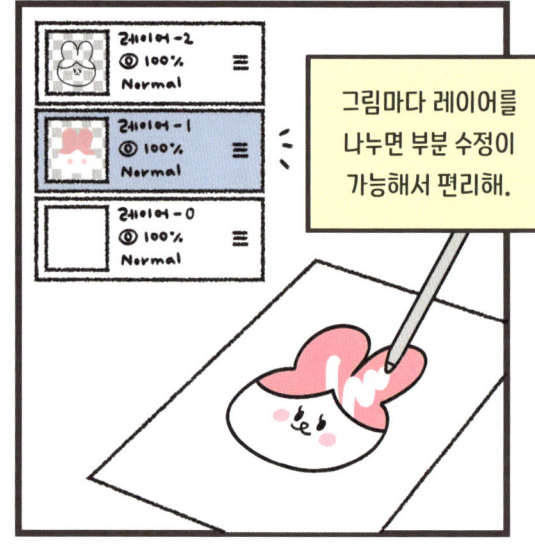

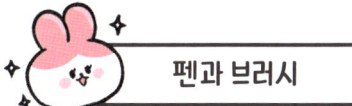
펜과 브러시

저장 형식과 파일

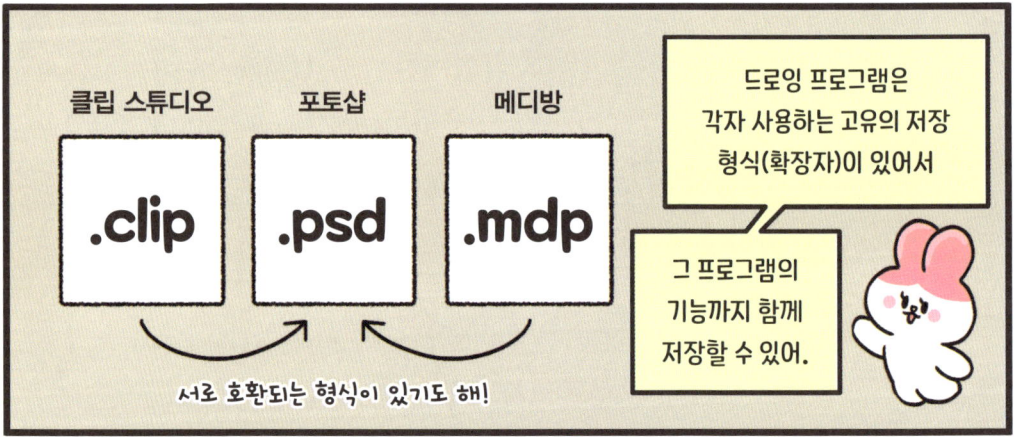

다양한 드로잉 프로그램을 알아봐요!

프로그램마다 장점과 단점이 있어요!

이비스 페인트
스마트폰에 최적화된 앱으로, 화면 구성이 간단하고 사용하기 간편합니다. 학생과 입문자에게 인기 있는 드로잉 프로그램입니다. (앱용 무료, 광고 제거 앱은 유료)

메디방 페인트
이비스 페인트보다 조작법을 익히기 까다롭지만, 브러시와 소재를 다양하게 사용할 수 있습니다. PC와 앱에서 모두 호환된다는 장점이 있습니다.(PC용과 앱용 무료)

클립 스튜디오
웹툰를 그리는 데 다양한 기능이 최적화되어 웹툰 작가가 주로 사용하는 프로그램입니다. 포토샵(psd), 이비스 페인트와 호환됩니다. (PC용과 앱용 유료)

어도비 포토샵
이미지 작업과 드로잉을 할 때 널리 쓰는 프로그램입니다. 스크롤 편집, 식자(글자 넣기) 작업할 때도 주로 사용합니다. (PC용과 앱용 유료)

어떤 프로그램을 사용해야 할까요?

사람마다 다르겠지만 웹툰 교육 시간에 학생들이 느끼는 난이도로 보면 이비스 페인트 < 메디방 페인트 < 클립 스튜디오 순으로 난도가 올라갑니다. 이비스 페인트와 메디방 페인트는 무료 프로그램이지만 대부분의 작업이 가능합니다. 클립 스튜디오는 실제 작가와 전문가가 많이 사용하는 만큼 기능이 많고 복잡하지만, 웹툰에 사용하는 칸, 말풍선, 식자, 편집, 효과 등에 최적화된 전문 프로그램입니다.

웹툰 완성이 머지 않았다!
-웹툰 제작 과정을 알아봐요-

만화 제작 과정

밑그림 → 펜 터치(선화) → 채색

레이어 순서

차이점이 있다면 사용하는 도구가 다르다는 점!

종이에 그릴 땐 모든 과정이 한 장에 담기지만,

디지털은 각각의 과정을 여러 레이어로 쌓아 만든다는 거야.

| 선화 Normal |
| 채색 Normal |
| 밑그림 Normal |

가장 위에 있는 그림이 아래 있는 그림을 가리기 때문에 레이어 순서를 유의해야 해!

밑그림 가져오기

선화 그리기

아직 익숙하지 않아서 그런지 생각보다 그리기 힘든 것 같아.

맞아. 액정에 그림을 그릴 때는 종이에 그릴 때와 다르게 미끄러워서 적응이 필요해.

펜 터치(선화) 연습을 해 볼까?

밑그림을 펜으로 깔끔하게 다시 그리는 것을 '펜 터치(선화)'라고 하는데

사용하는 브러시 종류와 그리는 속도에 따라 느낌이 달라져.

굵기 변화가 없는 선   굵기 변화가 있는 선

초보자는 필압(굵기 변화)이 없는 브러시를 사용하는 게 깔끔하게 그릴 수 있어서 좋아!!

특히 초보자는 펜 터치에 자신이 없어 선을 짧게 여러 번 그리곤 하는데(겹선) 지저분해 보일 수 있으니 주의해야 해.

디지털 작업은 쉽게 수정할 수 있으니 선을 과감하게 그리자고!

지우개나

Ctrl + Z

뒤로가기로 수정!

채색하기

펜 터치를 끝냈으니 이제 채색해야지!

잠깐! 혹시 놓친 거 없어?!

아! 새 레이어를 추가하고

밑그림 레이어는 눈을 꺼서 안 보이게 해야지?

맞아! 선화 레이어에 채색하지 않도록 주의해야 해.

선화 레이어를 분리 안 하면 선과 채색이 엉키는 참사가 발생한다고!

채색 방식에는 크게 두 가지가 있어.

혼용해서 쓰기도 해.

페인트통 채색
선으로 둘러싼 영역에 색을 한 번에 입힐 수 있어서 빠르고 편리해.

브러시 채색
붓으로 질감을 만들어 따뜻한 느낌을 낼 수 있어.

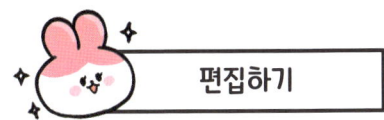

 원이의 노트

웹툰 제작 과정을 알아봐요!

한눈에 보는 웹툰 제작 과정

웹툰 기획, 아이디어 구상하기	캐릭터 만들기	스토리 만들기	콘티 짜기
• 어떤 웹툰을 만들 것인지 계획을 세우는 단계예요. 소재와 장르를 정하고, 탄탄한 구상을 위해 자료 수집을 해요.	• 매력적인 주인공과 서브 캐릭터를 만들어요. • 캐릭터 관계와 극 중 역할에 대해 구체적으로 구상해요.	• 앞 단계에서 짠 것을 토대로 스토리를 작성해요. • 전체 분량을 결정하고 화별 스토리를 만들어요.	• 웹툰을 그리기 전에 어떻게 그릴 것인지 흐름과 속도를 고려하여 칸을 나누고, 대사를 배치해요. • 글 콘티와 그림 콘티 단계를 나누기도 해요.

스토리 부분

← 웹툰 PD, 만화 기획자 →

←――― 글 작가 ―――→

복합 예술로서의 만화(웹툰)

아직도 만화(웹툰)를 아이들이나 보는 쉬운 내용으로만 생각하고 있지는 않나요? 만화는 글도 쓰고, 그림도 그리고, 프로그램도 익혀야 하는 복합적인 예술 활동이에요. 스토리와 그림을 엮어 내는 독특한 표현 방식으로 만화만의 예술성을 가져요. 따라서 만화는 스토리 부분도 그림 부분도, 이 둘의 상호 작용까지 모두 중요한 역할을 담당하고 있어요.

밑그림 그리기	선화 (펜 터치)	채색, 배경 넣기	편집 하기, 마무리
• 글 콘티 또는 그림 콘티를 토대로 스케치를 구체화해요. • 구도와 연출을 고려해요.	밑그림을 토대로 본격적으로 그림을 그리는 단계예요. 펜터치는 작가만의 스타일을 보여 줘요.	• 채색을 하고, 명암과 효과를 줘요. • 적절한 배경 효과로 원고의 완성도를 높여요.	• 대사, 효과음, 효과선 넣기 등 웹툰의 전체적인 마무리를 하는 단계예요. • 매체에 맞게(출판, 웹) 원고를 편집해서 마무리해요.

그림 부분

그림 작가

 만화(웹툰)는 여러 명이 함께 작업할 수도 있어요.

1명의 작가가 처음부터 끝까지 만화(웹툰)를 만들기도 하지만, 만화를 만들기 위해서 다양한 능력과 많은 작업 시간이 요구되는 만큼, 각각의 전문가들이 역할을 나누어 협업하여 작품을 완성하기도 해요.

    글 작가, 그림 작가뿐만 아니라 채색 작가, 보조 작가(배경, 효과 등) 같은 어시스턴트(도우미)와 함께 분업하기도 하고, 초기 웹툰 기획을 플랫폼이나 에이전시의 웹툰 PD가 진행하기도 해요. 점차 웹툰 시장이 커지면서 분업과 협업이 늘어나는 추세예요.

*에이전시-기획, 관리, 계약 대행 등 작품 외 작업을 담당하는 회사.

웹툰을 더 재밌게 만드는 비밀이 있다고?!
- 채색과 배경에 디테일 더하기 -

그림자와 하이라이트 넣기

하이라이트와 그림자는 별도 레이어에 그려서 관리하는 것이 좋아.

하이라이트는 흰색, 그림자는 검은색으로 불투명도를 조정하며 작업하면 편리해.

심화! 클리핑 마스크 이용하기

☆심화

이때 '클리핑' 기능을 사용하면 아래 레이어에 색을 칠한 영역 밖으로 색이 보이지 않아 편리해!

클리핑을 하지 않으면 펜 터치 하나하나 색이 빠져나가니까 신경 써야 해!

색을 칠한 영역 밖으로 색이 벗어나지 않아!

아래에 있는 레이어 / 클리핑 안 했을 때 / 클리핑 했을 때

클리핑은 '자르다'라는 뜻으로 마치 액자처럼 필요한 부분만 보이게 하는 기능이야.

'클리핑' 기능을 사용하면 아래 레이어에 색을 칠한 영역을 벗어나지 않고 색을 입힐 수 있어.

 **배경에 따른 효과**

배경에 효과 입히기

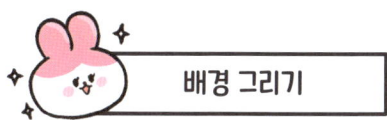

원이의 노트

원근법을 알아봐요!

다양한 원근법이 존재해요

투시도법(선 원근법)
가장 널리 알려진 원근법으로 물체가 멀리 있을수록 작아져 지평선(수평선) 상의 '소실점'으로 모입니다. '소실점'을 정해 그곳에 모인 선을 기준으로 그리는 것으로 공간의 깊이와 원근감을 표현할 수 있어요!

1점 투시

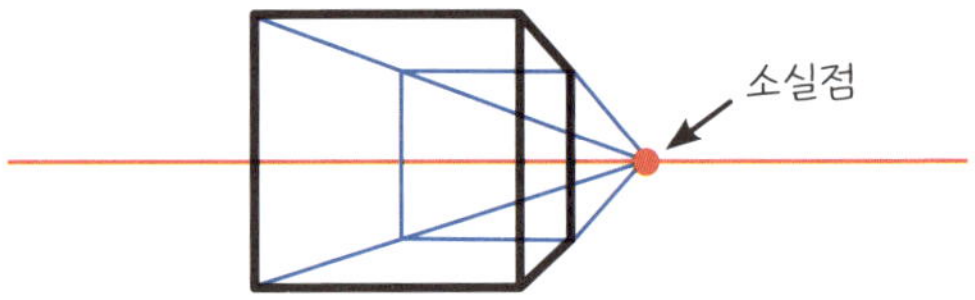

← 소실점

2점 투시

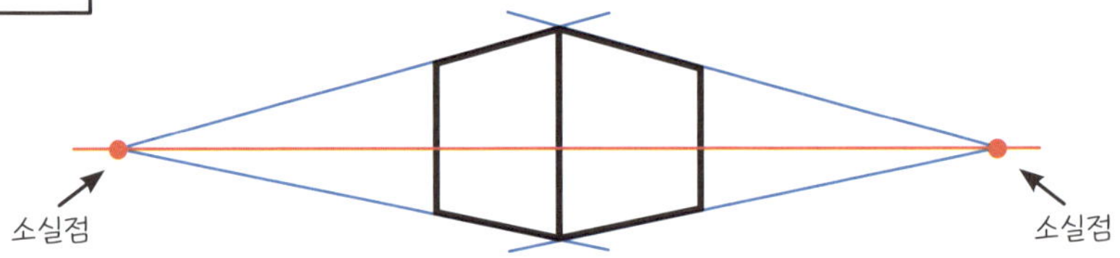

소실점 / 소실점

3점 투시

← 소실점

소실점 / 소실점

소실점의 갯수에 따라 1점 투시, 2점 투시, 3점 투시로 나누어요.
1점 투시는 내부를 표현할 때,
2점 투시는 외부를 표현할 때
3점 투시는 멀리서 볼 때 많이 사용해요!

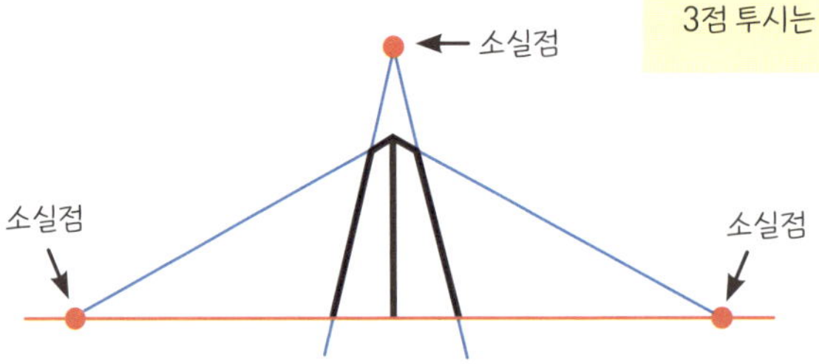

김홍도 〈씨름〉

원상근하(상하 원근법)
멀리 있는 것은 위쪽에, 가까이 있는 것은 아래쪽에 그리는 간단한 원근법이에요.

대기(공기) 원근법
멀리 있는 것은 연하게, 가까이 있는 것은 진하게 그려요. 거리가 멀어질수록 빛과 공기의 영향으로 흐리고 탁해 보이는 것을 묘사함으로써 공간감을 표현해요.

원이의 노트

'스케치업'으로 배경을 만들어요!

스케치업 프로그램을 알아봐요!

마치 캐릭터들이 살고 있는 하나의 큰 세트장을 3D로 미리 지어 놓고, 필요할 때마다 카메라로 사진을 찍어서 사용한다고 생각하면 돼요.

레이어를 이용하면 캐릭터 합성도 간단하답니다!

배경 출처 : 돈드로우 판타지마을 스케치업

'스케치업' 배경은 어떤 점이 좋을까요?

요즘에는 '스케치업' 프로그램을 이용하여 웹툰 배경을 많이 제작하고 있습니다. '스케치업'은 원래 건축 모델링을 하기 위한 3D 프로그램이었는데, 모델링 방법이 다른 프로그램에 비해 손 쉽고, 만화와 같은 효과를 내기가 좋아 웹툰 작가들에게 큰 인기를 끌고 있습니다.

웹툰 배경 제작을 위해 전문 어시스턴트(배경 보조)를 두기도 하고, 웹툰 배경을 전문적으로 판매하는 회사에 배경 제작을 의뢰하거나 기존에 만들어진 배경을 구매하기도 합니다. 손으로 그린 배경이나 사진으로 편집한 배경은 한 가지 각도밖에 사용하지 못하고, 다른 각도의 배경이 필요하면 다시 그려야 했지만, 스케치업으로 3D 공간을 모델링 해두면 다양한 구도와 각도로 이미지 샷을 저장할 수 있는 큰 장점이 있습니다.

레이지빗이 사라졌다?!
- 연재하는 방법 알아보기 -

웹툰 연재하는 곳

웹툰 플랫폼

네이버 　 카카오 　 레진

대한민국 대표 웹툰 플랫폼으로 '네이버 웹툰'와 '카카오 페이지'가 있어요. 작가가 플랫폼에서 고료를 받고 정기적으로 연재할 수 있습니다. 국내에 비슷한 10여 개 플랫폼이 있어요.

나중에는 꼭 이런 곳에 연재해야지!

공모전

- 네이버 웹툰, 카카오 웹툰 공모전
- 대한민국창작만화공모전, 전국학생 만화공모전(한국만화영상진흥원)
- 각종 기관 공모전

학생이 참여할 수 있는 공모전도 있다고!

플랫폼이나 각종 기관에서 정기적으로 공모전을 열어요. 공모전에 따라 초등학생 부문을 별도로 모집하기도 해요.

오픈 플랫폼

이런 플랫폼도 있구나!

딜리헙 　 포스타입

누구나 자유롭게 주기를 정해 연재할 수 있어요. 열람권, 미리 보기, 후원 등을 직접 설정해 작품을 판매할 수 있는 자유형 플랫폼이에요.

레이지빗이 있으면 든든할 텐데….

레이지빗 돌아와…

아마추어 게시판

- 네이버 도전 만화
- 카카오 웹툰 리그
- 카카오 페이지 스테이지(웹 소설)
- 레진 챌린지

누구나 자신의 작품을 자유롭게 업로드 할 수 있는 공간으로 독자들에게 인기를 얻거나 플랫폼 담당자의 눈에 띄어 정식 연재 기회를 얻기도 해요.

정식 연재가 아닌데도 실력이 대단하잖아!

도전 만화
웹툰 리그

개인 SNS

페이스북, 인스타그램, 블로그, 트위터 등

아직 SNS가 없는데, 엄마한테 부탁해 볼까?

개인 SNS에 올리다가 인기를 얻어 플랫폼에 정식 연재하거나 책으로 출간하기도 해요. 정사각형의 컷툰(옆으로 넘겨 보는 스타일) 형식을 많이 이용해요.

커뮤니티

그림 커뮤니티, 만화 커뮤니티, 게임 커뮤니티 등

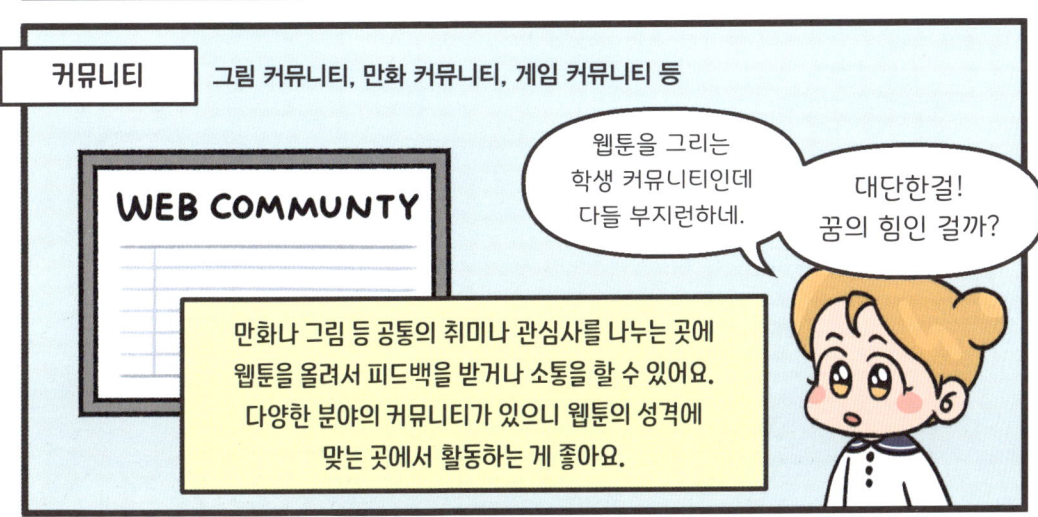

웹툰을 그리는 학생 커뮤니티인데 다들 부지런하네.

대단한걸! 꿈의 힘인 걸까?

만화나 그림 등 공통의 취미나 관심사를 나누는 곳에 웹툰을 올려서 피드백을 받거나 소통을 할 수 있어요. 다양한 분야의 커뮤니티가 있으니 웹툰의 성격에 맞는 곳에서 활동하는 게 좋아요.

웹툰 작가는 어떻게 수익을 얻을까요?

웹툰 작가의 다양한 수익 구조를 알아봐요!

1. 연재 원고료
플랫폼에 채택되어 연재하게 되면, 매달 일정한 고료가 나와요. 원고의 분량이나 작화 스타일, 인기 등에 따라 작가마다 고료 차이가 납니다. 독자는 플랫폼에서 무료로 웹툰을 보지만, 웹툰이 플랫폼에 독자를 끌어오면서 생기는 이익이 있기 때문에 고료를 받을 수 있어요.

2. 유료화 수익
미리 보기, 완결 다시 보기와 같은 유료 결제에서 생기는 수익으로, 플랫폼과 작가가 수익을 일정 비율로 분배해요. 초기 무료 웹툰에서 유료 결제에 대한 거부감이 있었으나 점차 유료 결제에 대한 인식이 높아져 주요 수익원으로 자리 잡게 되었어요.

3. 브랜드 웹툰 등 광고 수입
플랫폼이 작가와 기업을 연계하고, 플랫폼에서 브랜드 웹툰을 연재하거나 PPL처럼 웹툰 중간에 넣거나 웹툰 하단에 광고 이미지를 넣는 방식 등이 있어요.

 **수익을 얻는 게 쉽지는 않아요**

이렇게 다양한 수익원이 있다니, '억대 연봉 작가'라는 말이 그냥 나오는 것이 아니겠죠. 하지만 어디까지나 작품의 인기에 따라 수익은 천차만별입니다. 심지어 단 한 번의 연재를 따내는 것부터 엄청난 경쟁률을 뚫어야 하지요.

원이의 노트

웹툰이 이렇게도 변해요!

2차 저작물에 대해 알아봐요

원 저작물 내용을 바탕으로 장르, 분야, 형식 등을 변형하여 만든 창작물 2차 저작물이라고 해요. 이때 각 분야로 사업화가 될 때마다 원작(웹툰)의 저작권을 가진 작가에게 일정한 원작료를 지급해요. 원작의 인기에 힘입어 2차 저작물 또한 인기를 얻는 경우가 많아, 점점 많은 작품들이 2차 저작물로 재생산되고 있어요.

단행본
웹툰을 출판 형식으로 재편집하여 책으로 발간, 판매할 수 있어요.

드라마, 영화, 애니메이션화
네이버 웹툰의 〈유미의 세포들〉(이동건), 〈여신강림〉(야옹이), 〈치즈인더트랩〉(순끼)는 드라마화되어 많은 인기를 끌었고, 네이버 웹툰의 〈신과 함께〉(주호민), 카카오 웹툰의 〈은밀하게 위대하게〉(훈)은 영화화되어 흥행에 성공했어요. 〈놓지마 정신줄〉(신태훈, 나승훈) 〈마음의 소리〉(조석)은 애니메이션화되어 여러분이 자주 보았을 거예요.

게임화
네이버 웹툰 〈갓오브하이스쿨〉(박용제), 〈노블레스〉(손제호, 이광수), 〈신의 탑〉(SIU), 〈유미의 세포들〉(이동건) 등이 게임으로 출시되었어요.

상품화
캐릭터 상품 및 피규어 등을 출시하여 판매할 수 있어요. 주로 인기가 많은 작품이거나 일상툰 캐릭터처럼 귀여운 스타일의 작화가 상품화되기 좋아요. 요즘에는 카카오 이모티콘으로 상품화하는 것도 인기예요.

레이지빗의 상품화

L의 작업실에서 레이지빗을 찾다!
-웹툰 작가의 일상-

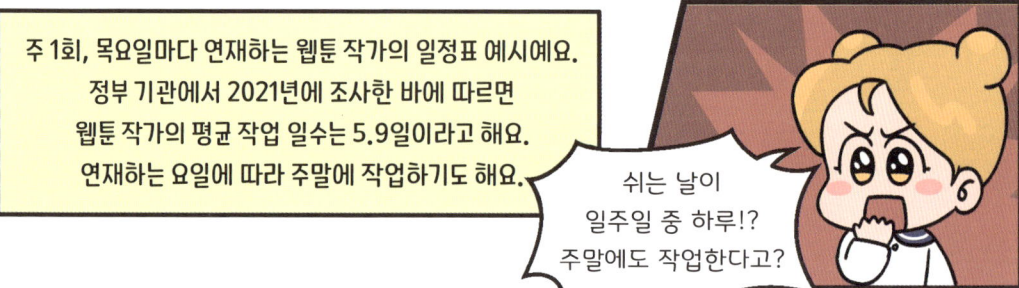

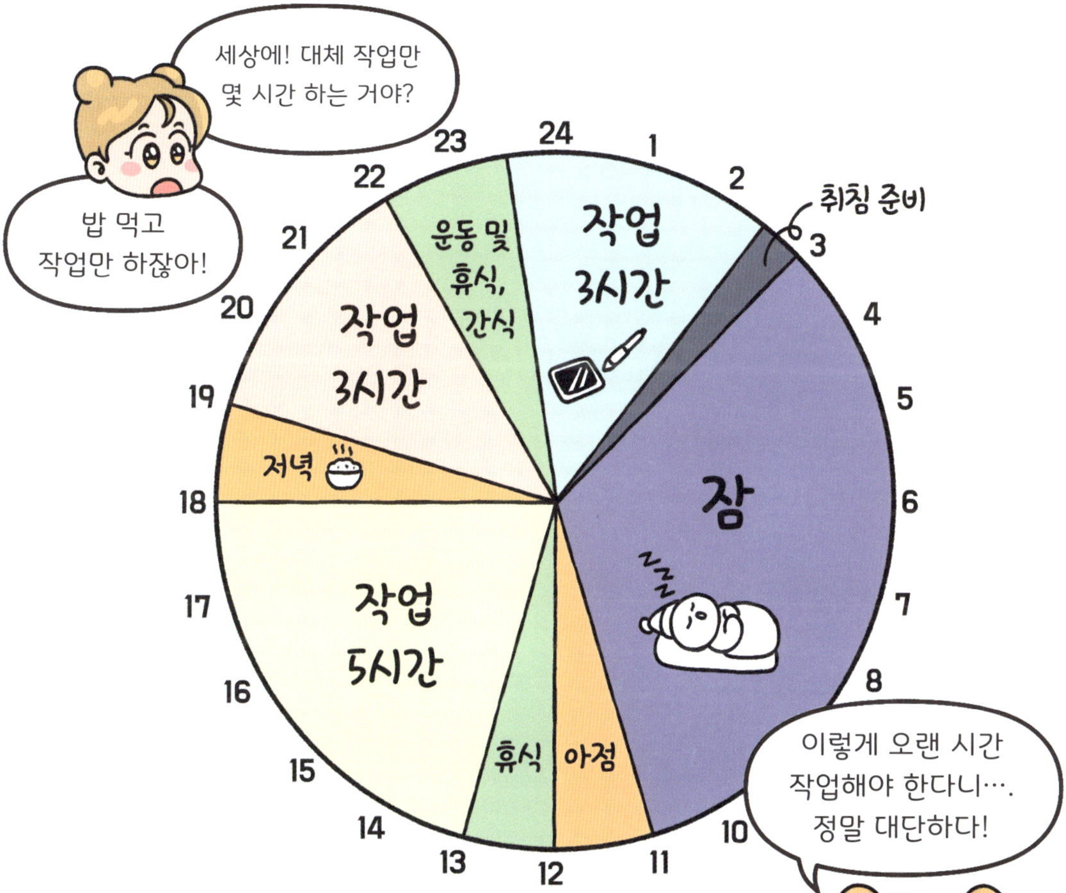

정부 기관에서 2021년에 조사한 자료에 따르면 웹툰 작가의 평균 작업 시간은 하루 10.5시간이에요. 밤에 작업을 하는 올빼미 작가가 많답니다.

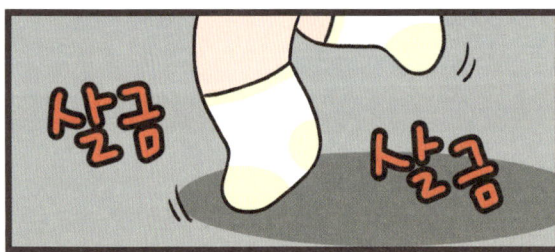

원이의 노트

다양한 웹툰 관련 직업이 있어요!

웹툰 작가가 아닌 다른 직업을 알아봐요!

만화가·SNS 작가·웹 소설 작가
꼭 플랫폼에 웹툰을 연재하지 않더라도 시사 만화나 학습 만화, 출판 만화 등을 그리는 만화가가 될 수도 있고, SNS에 개인적으로 활동할 수도 있어요. 그림보다 스토리에 자신이 있다면 웹소설 작가로 시작해 보는 것도 좋아요.

캐릭터 디자이너·게임 원화가
캐릭터 디자이너는 각종 팬시 문구, 이모티콘, 애니메이션, 게임 등에서 특징적인 캐릭터를 창조하여 이를 필요한 분야와 상품에 활용, 디자인하는 일을 해요. 2등신의 귀여운 캐릭터부터 게임 속의 멋진 캐릭터까지 다양한 스타일이 있어요.

일러스트레이터
일러스트레이터는 어떤 의미나 내용을 그림, 도안 등으로 시각적으로 표현하는 일을 해요. 작업의 경계가 넓어 웹소설 표지 작가, 웹툰 그림 작가 등 다양한 분야에서 활동해요.

스토리보드 작가·애니메이터
영화나 광고, 애니메이션과 같은 영상의 장면과 스토리를 이미지로 표현하는 작업을 해요.

아트토이 작가
아트토이는 모형 장난감(피규어)의 한 종류로 토이에 다양한 그림을 입혀 작품 활동을 해요.

웹툰 PD·만화 기획자
웹툰 콘텐츠를 기획하거나 작가를 발굴하고, 제작이나 유통, 홍보 등 작품의 전반적인 과정을 관리해요.

만화(웹툰) 교육자
학생에게 만화와 웹툰의 기본적인 이론과 실기를 지도하고, 작가로서 꿈을 키워 주는 역할을 해요.

관련 직업이 이렇게나 많다니!?

웹툰 작가라고 웹툰만 그려야되는 것은 아니예요. 다양한 분야를 넘나들며 여러 가지 활동을 할 수 있어요. 〈오무라이스 잼잼〉(카카오 웹툰)을 그린 조경규 작가님은 일러스트레이터와 그래픽 디자인 등 다양한 디자인 작업을 하고 있으며, 〈닥터 프로스트〉(네이버 웹툰) 이종범 작가님은 스케치업 및 만화 교육에도 힘쓰고 있어요. 저 또한 만화를 그리지 않을 때는 캐릭터 디자이너의 일을 하고 있답니다. 여러분들이 어떤 관심사와 능력을 가지고 있냐에 따라 다양한 분야로도 진출할 수 있으니 많은 경험과 도전을 해 보는 것이 좋아요!

드디어 L의 정체가 드러났다!
- 웹툰 작가의 마음 -

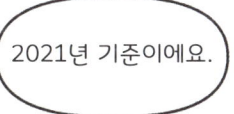

만화와 웹툰을 가르치는 학교

꼭 만화 관련 학교를 가지 않아도 괜찮아요!

애니예술고등학교

특성화고 중에 하나인 애니고등학교는 '만화창작과' '애니메이션과' '영상연출과' '게임제작과' 등으로 구분되어 고등학교 때부터 전문적으로 관련 분야를 배울 수 있어요. 애니고등학교는 국내에는 세 곳에 있고, 예술고등학교는 만화애니메이션과가 있는 곳으로 선택할 수 있어요!

한국애니메이션고등학교 – 경기도 하남시
강원애니고등학교 – 강원도 춘천시
울산애니원고등학교 – 울산광역시

대학, 대학원 전공

전문적이고 체계적인 공부를 위해 대학 전공을 선택할 수 있어요. 대학교마다 필요한 입시 전형(성적, 실기, 면접 등)이 있으니 확인하고 준비해야 해요.

청강문화산업대학교	공주대학교	세한대학교
한국예술종합학교	극동대학교	인덕대학교
상명대학교	남서울대학교	조선대학교
세종대학교	목원대학교	중부대학교
경기대학교	부천대학교	청주대학교
계원예술대학교	순천대학교	한국영상대학교

2021년 기준이에요.

 꼭 만화나 웹툰 관련 학과를 전공해야 할까요?

정답이 없습니다. 관련 학과를 전공하면 관련 지식과 기술을 빨리 많이 습득할 수 있는 장점이 됩니다. 하지만 만화는 '이야기'를 만드는 직업으로 다양한 경험이 많을수록 또 다른 장점이 될 수 있습니다.

　천재 심리학자의 이야기를 다룬 〈닥터 프로스트〉(네이버 웹툰)를 연재했던 이종범 작가의 전공은 심리학과예요. 심리학을 전공했기에 심리학을 다룬 웹툰을 누구보다 잘 만드실 수 있었던 것이죠. 요즘에는 교육 기관의 유료 강의뿐만 아니라, 각종 협력·정부 기관에서 지원하는 무료 강의도 많아요. 여러분이 의지만 있다면 어디서든 만화·웹툰을 배울 수 있다는 것 잊지 마세요!

원이의 노트

만화 행사와 교육에 참가해요!

체험하고 즐길 수 있는 다양한 곳들

축제, 페어

부천국제만화축제 BICOF (경기도 부천)

만화 문화 도시인 부천에 위치한 한국만화영상진흥원이 매년 열흘 정도 개최하며, 12만여 명의 관람객과 천여 명의 만화가 및 관계자, 5천여 명의 국내외 코스튬 플레이어가 참여하는 국내 최대 만화 축제입니다.

서울국제만화애니메이션페스티벌 SICAF (서울)

국내 유일의 만화·애니메이션 축제로 국제 애니메이션 영화제와 전시, 공연 등을 진행하는 축제로 서울에서 매년 4일간 진행합니다.

경기국제웹툰페어 (경기도 일산 킨텍스)

웹툰 작가의 토크쇼, 웹툰 캐릭터 코스프레 퍼레이드, 웹툰 관련 학과 전시회, 웹툰 공모전, 웹툰 작가의 작품 및 굿즈 판매 등 웹툰을 위한 행사로 매년 일산 킨텍스에서 4일간 진행합니다.

실제 페어의 모습

체험, 교육

서울만화거리 재미로 & 재미랑 (서울 명동)
'재미로'는 만화의 거리로, 명동역 3번 출구부터 서울애니메이션센터까지 450m의 거리를 만화, 애니메이션, 캐릭터 등의 콘텐츠로 꾸민 테마 거리입니다. '재미랑'은 '재미로' 중간 중간 위치하여 전시 및 체험 프로그램을 운영하고 있습니다.

한국만화박물관 (경기도 부천)
한국만화영상진흥원이 운영하고 있는 국내 유일한 만화박물관으로 한국 만화의 시작부터 현재까지 역사와 자료를 전시하고 있어요. 무료로 만화책을 볼 수 있는 만화도서관에서는 시간 가는 줄 모를 거예요! 만화영상진흥원과 만화박물관에서 진행하는 다양한 만화 · 웹툰 교육 행사도 즐길 수 있다는 점!

출처 : WIKI media commons

동아리 전시 교류전

코믹월드 (서울 양재AT, 부산 벡스코)
아마추어 작가나 만화 동아리에서 직접 창작한 만화 작품을 전시 및 판매 및 교류하는 행사입니다. 매달이나 격달 주기로, 주말에 2일간 진행해요.

다양한 체험과 경험은 작가가 되는 좋은 밑거름이 되어 줄 거예요!

스토리 만들기 연습장

원이의 스토리를 잘 봤나요?
나는 어떤 스토리를 만들지 생각해 봐요!

우와!
이렇게 재밌다고?

주인공 설정하기

☞ 22쪽을 참고하세요.

🌸 주인공의 과거는?

🌸 주인공의 반전 모습은?

🌸 주인공의 콤플렉스는?

🌸 주인공의 취향은?

🌸 주인공이 사는 세계는?

❀ 주인공이 간절히 원하는 목표는 무엇일까?

다시 사람으로 돌아가게 해 주세요.

❀ 주인공은 왜 이런 모습이 되었을까?

다양한 캐릭터 만들기

 30쪽을 참고하세요.

 주인공의 조력 캐릭터

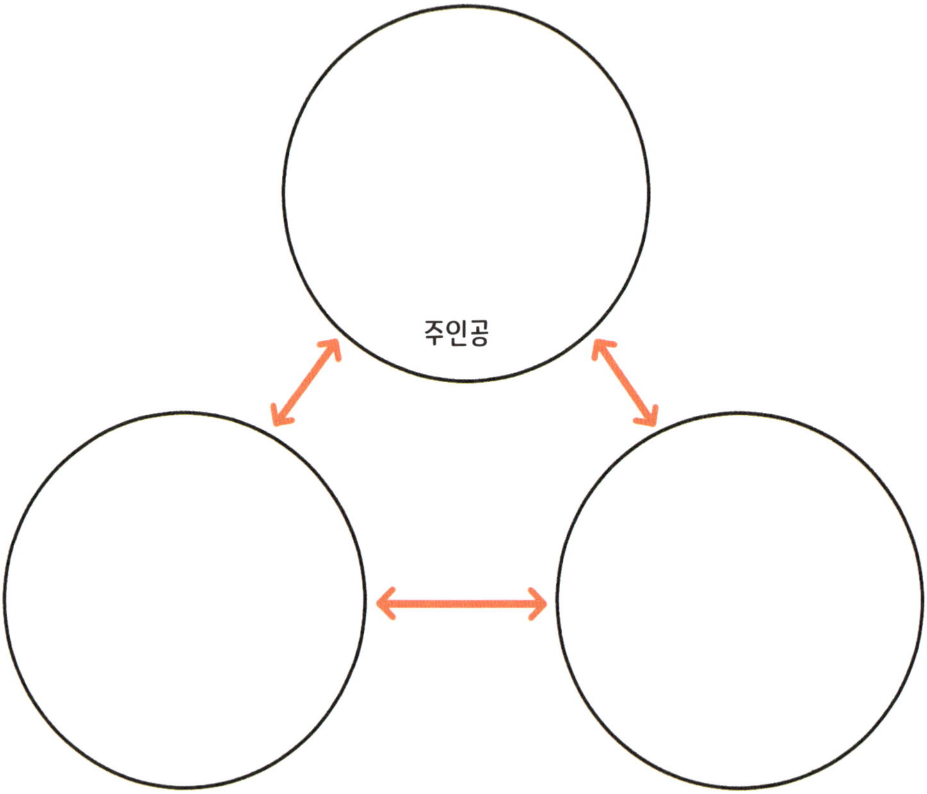

주인공

난 언제나 네 편이야!

❁ **주인공의 방해 캐릭터**

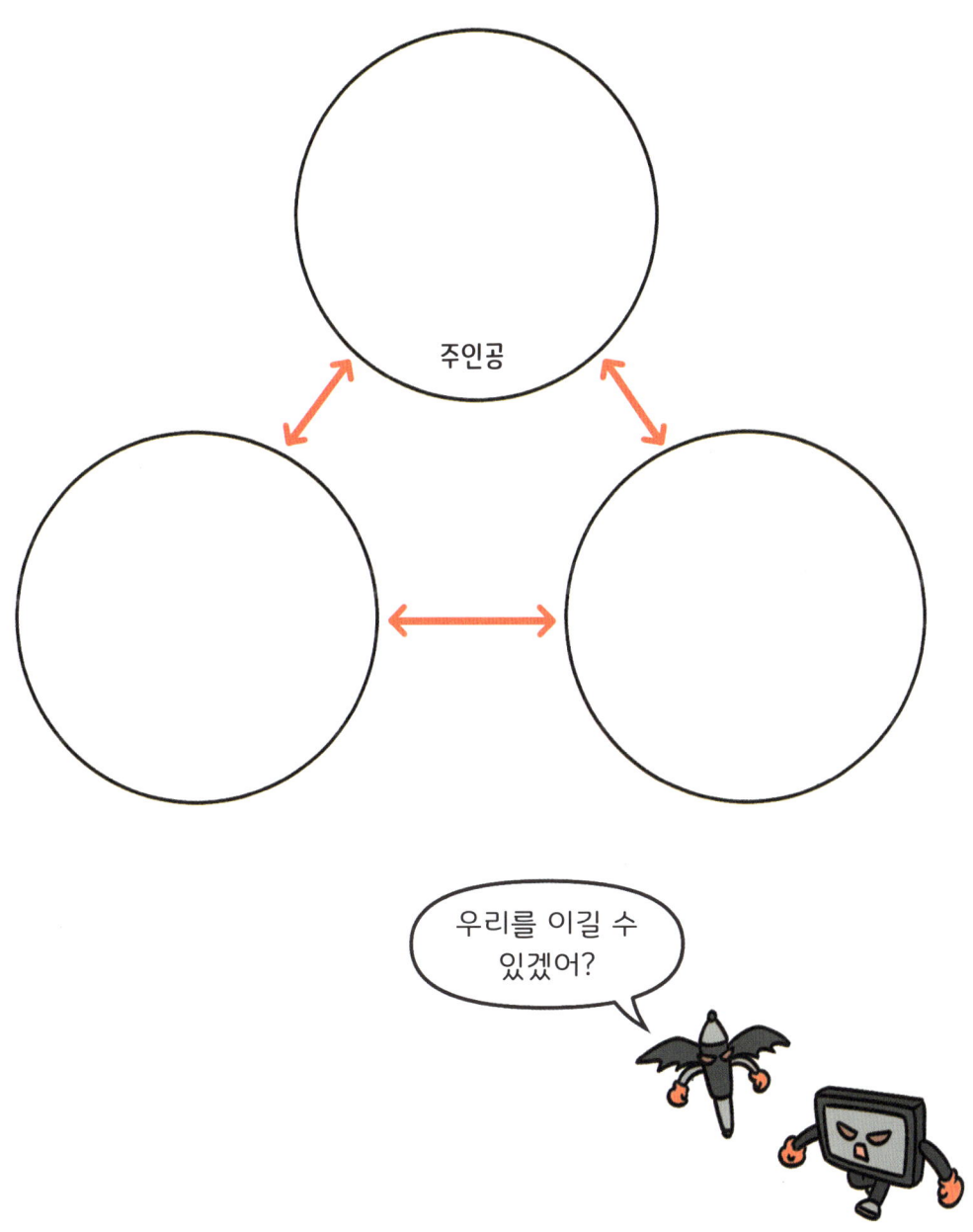

캐릭터 시트 만들기

 ☞ 43쪽을 참고하세요.

캐릭터 시트 만들기 : 인터뷰

친구 이름은?	
특별히 좋아하는 것	
특별히 싫어하는 것	
장래 희망	
좌우명	
기분이 좋을 때	
기분이 나쁠 때	
특이 사항	

친구 이름은?	
특별히 좋아하는 것	
특별히 싫어하는 것	
장래 희망	
좌우명	
기분이 좋을 때	
기분이 나쁠 때	
특이 사항	

주변 사람들을 샅샅이 조사해 보자!

친구 이름은?	
특별히 좋아하는 것	
특별히 싫어하는 것	
장래 희망	
좌우명	
기분이 좋을 때	
기분이 나쁠 때	
특이 사항	

친구 이름은?	
특별히 좋아하는 것	
특별히 싫어하는 것	
장래 희망	
좌우명	
기분이 좋을 때	
기분이 나쁠 때	
특이 사항	

🌸 캐릭터 시트 만들기 : 설정표

프로필	이름	
	나이	
	생일	
	외모	
	직업	
	혈액형	
	MBTI	
성격	특징(장/단점)	
	버릇(습관,말투)	
	콤플렉스	
생활	취미/특기	
	좋아하는 것	
	싫어하는 것	
	기분이 좋을 때	
	기분이 나쁠 때	
	장래 희망	
	좌우명	
	이상형	
배경	가족 관계	
	성장 과정	

프로필	이름	
	나이	
	생일	
	외모	
	직업	
	혈액형	
	MBTI	
성격	특징(장/단점)	
	버릇(습관,말투)	
	콤플렉스	
생활	취미/특기	
	좋아하는 것	
	싫어하는 것	
	기분이 좋을 때	
	기분이 나쁠 때	
	장래 희망	
	좌우명	
	이상형	
배경	가족 관계	
	성장 과정	

캐릭터에 어울리는 색 정하기

☞ 45쪽을 참고하세요.

 캐릭터의 분위기에 어울리는 색 칠하기

어떤 색이 어울릴까?

❀ 따뜻한 색 계열로 캐릭터 분위기 정하기

❀ 차가운 색 계열로 캐릭터 분위기 정하기

스토리의 기승전결 구조 만들기

 57쪽을 참고하세요.

❋ 이야기의 구조 만들기

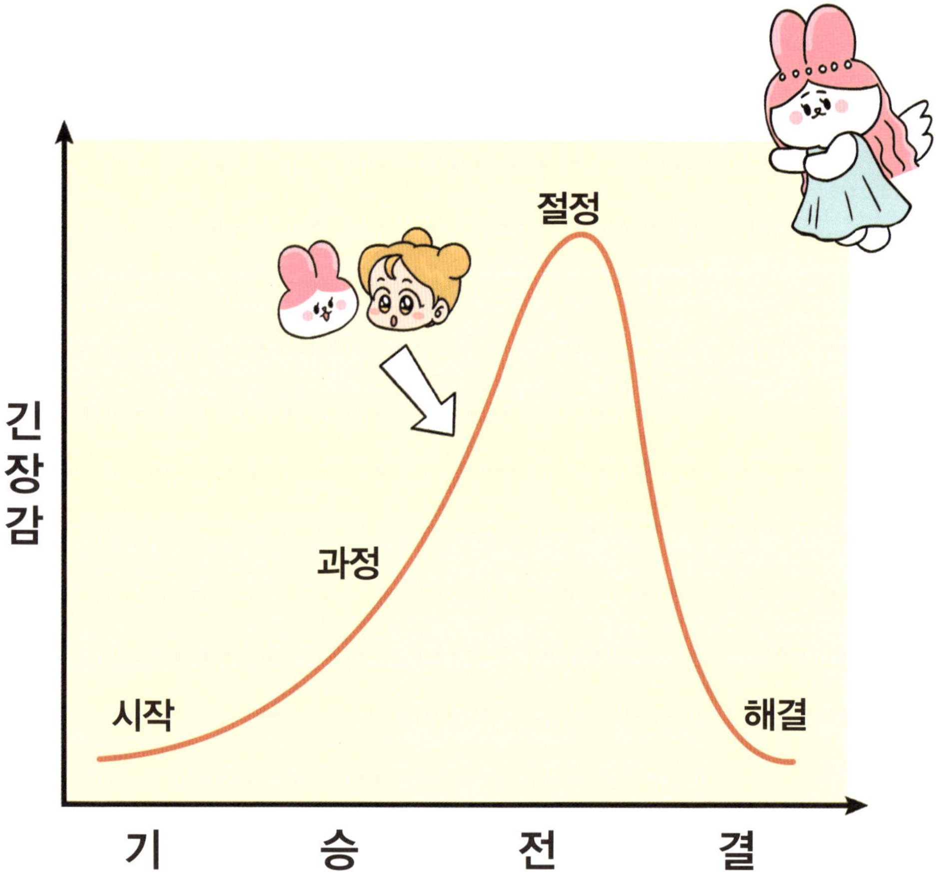

긴장감 / 시작 — 과정 — 절정 — 해결

기　승　전　결

세상에 이런 일이!

기

승

전

결

시놉시스 작성하기

 61쪽을 참고하세요.

제목	
장르	
주제 및 의도	
등장인물	
세계관(배경)	
줄거리 (10줄 내외로 간단하게!)	
기	
승	
전	
결	

제목	
장르	
주제 및 의도	
등장인물	
세계관(배경)	
줄거리 (10줄 내외로 간단하게!)	
기	
승	
전	
결	

연출법 이용해서 그리기

☞ 67쪽을 참고하세요.

❀ 시간의 흐름

→

↙

→

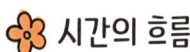

"중간에 무슨 일이 있던 거지?"

🌸 카메라 각도

로우 앵글

하이 앵글

아이 레벨

버드 아이

각도가 이렇게 다양하다니!

🌸 카메라 거리

롱 숏

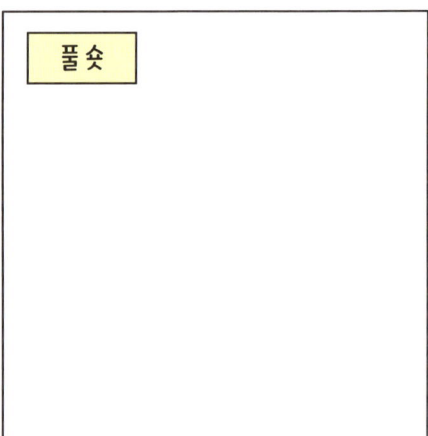
풀 숏

미디엄 숏

클로즈업 숏

 수평과 수직

수평

수직

어떤 칸에 그려 볼까?

콘티 만들기

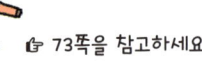 73쪽을 참고하세요.

 글 콘티 만들기

첫 번째 칸

두 번째 칸

세 번째 칸

네 번째 칸

🌸 그림 콘티 만들기

에필로그
- 다시 만날 수 있을까? -

The End

QR 코드를 찍어 보자!

레이어 개념을
이해하고 활용하기

▶ 84쪽에 있어요!

브러시, 지우개, 페인트통 등
디지털 도구 살펴보기

▶ 85쪽에 있어요!

이비스 페인트로
웹툰 만들기

▶ 82쪽에 있어요!

클리핑을 이용해
하이라이트와 그림자 넣기

▶ 97쪽에 있어요!

말풍선과
텍스트 넣기

▶ 93쪽에 있어요!

특수 효과
배경 넣기

▶ 99쪽에 있어요!

강의를 직접 볼 수 있어요!

채색 및 영상 도움 장장(장은정)

세계관, 주제, 장르, 연출·구성, 스토리 쉽게 만드는 법

1판 1쇄 펴낸 날 2022년 5월 2일

지은이 이지연
그린이 서정원
주간 안채원
책임편집 이승미
편집 윤대호, 채선희, 윤성하, 장서진
디자인 김수인, 김현주, 이예은
마케팅 함정윤, 김희진

펴낸이 박윤태
펴낸곳 보누스
등록 2001년 8월 17일 제313-2002-179호
주소 서울시 마포구 동교로12안길 31 보누스 4층
전화 02-333-3114
팩스 02-3143-3254
이메일 viking@bonusbook.co.kr
블로그 http://blog.naver.com/vikingbook

ⓒ 이지연(이지), 2022

- 이 책은 저작권법에 의해 보호를 받는 저작물이므로 무단전재와 무단복제를 금합니다.
  이 책에 수록된 내용의 전부 또는 일부를 재사용하려면 반드시 지은이와 보누스출판사 양측의 서면동의를 받아야 합니다.

ISBN 978-89-6494-549-0 73800

바이킹은 보누스출판사의 어린이책 브랜드입니다.

- 책값은 뒤표지에 있습니다.

체험하는 바이킹 시리즈

정브르가 알려주는
곤충 체험 백과
정브르 지음

정브르가 알려주는
파충류 체험 백과
정브르 지음

DK 체스 바이블
클레어 서머스케일 지음

웹툰 캐릭터 그리기 대작전
이지 지음 | 정원 그림

웹툰 스토리 만들기 대작전
이지 지음 | 정원 그림

뚝딱 접어요! 사파리 종이접기
조 풀먼 지음 | 앤 파쉬에 그림

뚝딱 접어요! 동물농장 종이접기
조 풀먼 지음 | 앤 파쉬에 그림

창의력 뿜뿜!
어린이 파티시에 요리책
디에나 F. 쿡 지음 | 달달샘 김해진 감수

창의력 뿜뿜!
어린이 셰프 요리책
디에나 F. 쿡 지음 | 달달샘 김해진 감수

초등학생 수영 교과서
모리 겐이치로 · 류기연 감수

최강 공룡 서바이벌 대백과
고바야시 요시쓰구 감수

바이킹 어린이 도감 시리즈

어린이 비행기 대백과
손봉희 지음 | 구연산 그림

어린이 비행기 조종 도감
닉 버나드 지음 | 마대우 감수

어린이 비행기 엠블럼 대백과
감 글·그림

어린이 비행기 구조 대백과
이경윤 지음 | 남지우 그림